Ulrich Koglin

landpartie
DAS KOCHBUCH

Ulrich Koglin

landpartie DAS KOCHBUCH

Die 100 köstlichsten Rezepte

schlütersche

Bibliografische Information Der Deutschen Bibliothek
Die Deutsche Bibliothek verzeichnet diese Publikation in der Deutschen Nationalbibliografie; detaillierte bibliografische Daten sind im Internet über http://dnb.ddb.de abrufbar.

ISBN 10: 3-89993-720-1
ISBN 13: 978-3-89993-720-6

Danksagung
Wir bedanken uns bei den Rezeptgebern (Adressen jeweils über den Zutatenlisten) für die gute Zusammenarbeit. Wir danken der Firma Villeroy & Boch für die großzügige Bereitstellung von Geschirr. Ein besonderer Dank gilt dem Hotel Büscher in Bielefeld und der Bäckerei Seidel in Peine für die Unterstützung bei den Food-Fotos.

Verlag: Schlütersche Verlagsgesellschaft mbH & Co. KG,
Hans-Böckler-Allee 7, 30173 Hannover

Herausgeber: Norddeutscher Rundfunk Hamburg

Lizenziert durch Studio Hamburg Distribution & Marketing GmbH

Begleitartikel rund um den NDR finden Sie unter www.ndrshop.de

Koordination: Petra Rönnfeldt, Studio Hamburg Distribution & Marketing GmbH
Claudia Flöer, Schlütersche Verlagsgesellschaft mbH & Co. KG
Mark Wachsmann, Schlütersche Verlagsgesellschaft mbH & Co. KG

Visuelles Konzept: Carsten Knospe, Schlütersche Verlagsgesellschaft mbH & Co. KG

Covergestaltung: Michael Fröhlich, Hannover
Fotos: projekt-zwei.de (Food und Portrait), Ingo Wandmacher (Travel)
Lithoarbeiten: PER Medien+Marketing GmbH, Braunschweig
Druck und Bindung: Druckerei Uhl GmbH & Co. KG, Radolfzell

Inhalt

Schleswig 10

Gedünstete Steinbutttranchen 12
Ziegenquarktorte mit Backensholzer Ziegenfrischkäse ohne Boden 13
Backensholzer Käsekrusten 14
Markeruper Gänsebraten 15
Überbackene Lammkoteletts 16
Grüne Bohnen Lammfleisch-Eintopf 17
Miesmuscheln in Kräutersud (für Muschel-Anfänger) 18
Tranche vom Kabeljau auf eingekochten Radieschen in Spinatjus mit Krabbenstick 19
Wadengulasch vom friesischen Ochsen mit gestampften Kartoffeln „beurre noisette" und Vanillerüben 20
Topfengugelhupf mit gegrilltem Hattstedter Streifling in Karamellsirup 21

Holstein 22

Holsteiner Ochsenfilet auf Steinpilzen mit Olivennudeln 24
Johannisbeergelee 25
Dithmarscher Bunter Mehlbeutel 26
Gebackener Kürbis 27
Stachelbeer-Baiser-Torte 28
Heikes und Huberts Landpartiesalat 29
Hochzeitskaffee 30
Schaschlik vom Freilandhuhn und Jakobsmuscheln mit Tomatenkompott 31
Birnen, Bohnen & Lamm 32
Panna Cotta mit warmem Schokoladenkuchen und gegrillter Ananas 33

Herzogtum Lauenburg 34

Grambeker Spiegelkarpfen „Blau“ aus dem Wurzelsud mit Petersilienkartoffeln, Sahnemeerrettich und zerlassener Butter 36

Riccotta-Spinatravioli mit gebratenen Austernpilzen und Parmesan 37

Gefüllter Hecht „Masurische Art“ 38

Knusper-Herzen mit halbierter Mandel 39

Schneeballtorte 40

Quark-Sahne-Torte mit Blaubeeren 41

Wildsteaks à la Bergholz 42

Pastinaken-Rösti 43

Gebratenes Stubenküken auf Flusskrebsragout mit glacierten Kaiserschoten und Schlosskartoffeln 44

Bananen-Schokoladen Soufflee mit Vanilleschaumsauce 45

Mecklenburg-Vorpommern, Küste 46

Ostseedorsch auf Rapsöl-Kräutersud und Mango-Kartoffelchutney 48

Bonenbraden (Mörderbraten) 49

Hecht nach normannischer Art auf Gemüsebett 50

Poeler Ölkuchen 51

Hirschrücken „Land und Meer“ gefüllt mit gebeiztem Dorsch im Netz 52

Gefüllter Perlhuhnrollbraten 53

Roulade vom Flunderfilet und Meerforelle mit Karottenmantel im Wiesenkräuternest 54

Rehsülze auf Backpflaumencreme und Tüftensalat 55

Peene-Zander auf Rote Beete Sauce und Rauchaalbrandade 56

Quittenpudding in Apfelsuppe 57

Mecklenburg-Vorpommern, Binnenland 58

Putenröllchen mit Bärlauchfrischkäse auf feinem Gemüse und Kartoffeln 60
Krebsgenuss „Ulrichshusen" 61
Winzer-Braten 62
Pannfisch nach Art des Hoflieferanten 63
Roastbeef mit Grüner Sauce 64
Gefüllter Wildschweinbraten auf Preiselbeerrotkraut 65
Schleie mit Kräutern, Gemüsefüllung für Grill oder Backofen 66
Salat von Frühlingsgemüse mit grobem Meersalz und Ziegenfrischkäse 67
Rosenower Wachtel mit gebratener Blutwurst, Spitzkohl und Reibekuchen 68
Quarksoufflé mit Himbeeren 69

Hamburg 70

Grubes grüner Saueraal 72
Rhabarber-Baiser-Torte 73
Bergfelder Stachelbeer Mandelstreusel-Torte 74
Saiblingsfilet gebraten in Estragonsauce 75
Gebratenes Lammkarree mit Kräuterkrume überbacken
dazu Schneidebohnen, Austernpilze, Kirschtomaten und Kartoffelrösti 76
Bachforelle auf Kartoffelsalat 77
Vorwerkhahn in Cidre 78
Vierländer Bauernente 79
Schulter vom Rehbock auf geschmortem Spitzkohl und Wildpfeffersauce 80
Apfelkompott 81

Heide und Wendland 82

Aal grün 84
Möhrenkuchen 85
Saibling auf Schmorgurke 86
Schweinerücken in Backpflaumen-Biersauce 87
Wendländische Hochzeitssuppe 88
Haschtorte 89
Großer Hans nach Schuettenhof-Art 90
Aal in Gelee mit Lachsforellenkaviar 91
Heidschnuckenroulade mit Steinpilzen auf Kohlrabi- und Rote Beeteragout 92
Panierte Kartoffelnudeln mit Cassis Schaum und Vanilleeis 93

Harz, Solling, Eichsfeld 94

Rehrücken mit frischen Waldpilzen umlegt mit Wachholderrahmsoße, gefüllter Rotweinbirne und handgeschabten Spätzle 96
Harzer Wildkräutersuppe 97
Harzer Rehgeschnetzeltes 98
Gans mit Wirsingröllchen und Kartoffel-Gratin 99
Beschwipster Kirschkuchen 100
Apfelkuchen vom Blech nach Art des Polsterberger Hubhauses 101
Roulade vom Harzer Rotvieh auf Thymian-Gemüse mit Rosmarinkartoffeln 102
Lauchsuppe im Brotteig 103
Schweinelachs-Roulade mit Mangold und Schafskäse 104
Joghurtmousse mit Safran-Apfelkompott 105

Bentheim, Dümmer, Emsland 106

Birnentorte 108

Schweinebraten vom Bentheimer Landschwein mit würziger Hackfleischfüllung 109

Dinkelpfannkuchen gefüllt mit grünem Spargel
dazu Lammfilet in einer Kräuterkruste auf Dinkelbiersauce 110

Mühlentorte 111

Sauerbraten von der Diepholzer Moorschnucke 112

Buchweizenpfannkuchen 113

Heidelbeertorte 114

Kleine Einkornmehl Pfannkuchen gefüllt mit einem Ragout von frischen Pfifferlingen 115

Jungschweinfilet unter einer Kartoffelkruste gebraten auf dicken Bohnenkernen 116

Buttermilchmousse auf marinierten frischen Beeren 117

Oldenburg und Bremer Land 118

Kalbshaxe 120

Holunderbeersekt 121

Gebackene Lammschulter mit Schafskäsekräuterfüllung 122

Finnlandtorte 123

Hagebuttensuppe 124

Moorteufel Torte 125

Heringe mit Speckstippe 126

Terrine von Räucheraal und Granat 127

Salzwiesenlamm mit Grünkohl, Apfel-Chips und Blutwurst-Polenta 128

Würz-Apfel mit Kirschlikör-Sabayon und Honig-Mohnmousse 129

Vorwort

Manchmal habe ich Lust, in der Küche etwas Neues auszuprobieren. Etwa die richtig gute Suppe, die wir unterwegs gegessen haben oder den leckeren Kuchen, den es beim Geburtstag einer Kollegin gab. Das Rezept habe ich mir geben lassen und da steht es nun – auf einem kleinen Zettel. Den schiebe ich zwischen meine Kochbücher. Tja, und meistens bleibt er da auch. Denn erstens finde ich ihn aus dem Sammelsurium leckerer Rezepte nie wieder heraus und zweitens siegt oft die Gewohnheit. Das heißt, ich backe den Kuchen, den ich schon oft gebacken habe. Der geht schnell und gelingt mir immer. So ein Rezeptzettel oder Blättchen animiert mich eben nicht wirklich. Und ein Kochbuch? In dem alles schön sortiert ist und schon die Fotos Appetit machen? Da sieht die Sache doch schon anders aus!

In jeder Landpartie-Sendung kochen und backen wir. In Hofcafés, einfachen, guten Gasthäusern oder auch mal in einem Sterne-Restaurant. Und jedes Mal drucken wir auf unserem Infoblatt das Rezept ab. Aber das ist eben wieder einer dieser berühmten Zettel. Damit ist nun Schluss! Ab sofort gibt es keine Ausreden mehr, denn jetzt gibt es dieses Landpartie-Kochbuch!

Ich vermute, dass es meinem Kollegen Ulrich Koglin ähnlich erging wie mir mit der Zettelwirtschaft, denn er hat die Idee für dieses Buch in die Tat umgesetzt. Er hat sich von unseren vielen Hobby- und Profiköchen, die wir in den über 60 Sendungen besucht haben, die besten Rezepte geholt. Es wurde gekocht und fotografiert, und nun ist alles bereit.

Viel Spaß beim Kochen und Backen wünscht sich und Ihnen,

Ihre Heike Götz

Vorwort

Wie wär's – ein Harzer Wildkräutersüppchen, gefolgt von der Vierländer Bauernente, gekrönt vom Dithmarscher Mehlbeutel? Und dazu reichen Sie ein feines, weil seltenes Tröpfchen aus Mecklenburg Vorpommern. Wer Norddeutschland mag, kann es sich auf den Teller holen. Und ins Glas. Die Landpartie macht es möglich!

Wer im NDR Fernsehen nicht schnell genug mitgeschrieben hat, der kann jetzt in Ruhe nachlesen und nachkochen, was auf den Drehreisen von Ulrich Koglin und Achim Tacke recherchiert und von Heike Götz probiert wurde: Leckeres aus heimischer Produktion von Bauern, Fischern und Köchen, die das Landpartie-Team auf seinen Reisen quer durch den Norden besucht hat – Menschen, die mit Leib, Seele und Können für Ihr Wohl sorgen.

Auch in Zukunft wird die Landpartie mit Kamera, Fahrrad und Heike Götz unterwegs sein und für Sie herausfinden, was sich lohnt zu erleben, kennen- und schätzen zu lernen. Jetzt aber erst einmal 'ran an den Kochlöffel! Guten Appetit.

Hanni Hüsch
Redaktionsleiterin der Landpartie

Im Norden ganz oben

Eine kleine Region an der Nahtstelle zwischen Skandinavien und Mitteleuropa: In Schleswig treffen die unterschiedlichsten Kulturen aufeinander. Friesen, Dänen, Angeliter (die als „Angelsachsen“ von hier aus einst nach England gezogen sind) und Deutsche leben seit Generationen mit- und nebeneinander, sowohl im dänischen Nordschleswig, als auch im deutschen Süden der Region. Als Schleswiger bilden sie gemeinsam eine spannende Mischung unterschiedlicher kultureller Traditionen, deren Vielfalt sich heute noch in der regionalen Küche ablesen lässt.
Mit sichtlichem Vergnügen präsentiert beispielsweise Detlef Möllgaard, Vorsitzender der „Käsestraße Schleswig-Holstein“, seinen „Fünf-Sprachen-Käse“. „Bikesäis“ nennt er eine Käsespezialität auf Friesisch und spult mühelos auch noch die entsprechenden zungenbrecherischen Bezeichnungen auf plattdeutsch, dänisch, plattdänisch und hochdeutsch ab.
Der Hof Backensholz der Familie Metzger-Petersen ist einer der nördlichsten Mitgliedsbetriebe dieser „Käsestraße Schleswig-Holstein“, einer Vereinigung von knapp zwei Dutzend verschiedener Molkereien im Lande. Die Käsesorten des renommierten Bio-Betriebes schmecken schon „pur“ sehr gut. Die Frage nach dem leckersten Kochrezept mit dem hofeigenen Käse kann Martina Metzger-Petersen gar nicht so schnell beantworten – gleich drei Rezepte seien die „allerbesten“. So wie die Milchkühe der Nordfriesen profitieren auch die Schafe bei Familie Baumbach auf der Nordseeinsel Nordstrand von der sauberen, leicht salzhaltigen Luft und den weiten Grünlandflächen. Das Fleisch der „Salzwiesenlämmer“, die ihr Leben auf den saftigen Deichwiesen verbringen, gilt als besonders schmackhaft. Außerdem ist die Westküste der Region Schleswig, also Nordfriesland, bekannt für seine Nordseekrabben, Muscheln und frischen Fisch. Es muss ja nicht immer die „Sylter Royal“ sein, wie die frischen Austern von Dittmeyers Austern-Compagnie heißen, auch die Föhrer Muscheln aus Dagebüll oder der oft als Beifang gefischte Steinbutt sind absolute regionale Spezialitäten, wenn sie denn frisch zubereitet werden.

Landschaftlich ist der westliche Teil Schleswigs, die Regionen Angeln und Schwansen, ganz anders

geprägt: Sanfte Hügel und immer wieder wunderbare Aussichten auf die Ostsee, die Flensburger Förde oder die Schlei. Auffällig sind die repräsentativen Drei-Seiten-Höfe, die deutlich machen, wie reich diese Landschaft ist. Klar, dass in dieser idyllischen Gegend auch der „Landarzt" residiert. Seit über 20 Jahren werden hier alljährlich neue Folgen der erfolgreichen TV-Serie gedreht. Und fleißig waren und sind die Angeliter bis heute: Das „Angler Sattelschwein" oder die „Angler Rinder" sind von den Bauern über Generationen zu ganz besonderen Tierrassen gezüchtet worden, die hervorragend an die Kulturlandschaft angepasst sind und überdies besonders schmackhaftes Fleisch und köstliche Milch liefern. Die „Schleswiger Kaltblüter", gelten als besonders robuste Zugpferde.

Eine der schönsten Gutsanlagen auf Schwansen, einer Halbinsel zwischen Schlei und Eckernförder Bucht, ist das Herrenhaus Ludwigsburg, das an ein Wasserschloss erinnert. Allein schon die aus dem Barock stammende Inneneinrichtung lohnt sich zu besichtigen, ganz zu schweigen vom Hofcafé und dem Hofladen. Wild- und Landschweinfleisch, selbst produzierte Wurstwaren und natürlich Kuchen laden ein zu einem Besuch. In Züchterkreisen ist das Gut der Familie Carl vor allem wegen seiner hervorragenden Trakehner- und Araberzucht berühmt. Insel oder Festlandsfriesen, Dänen, Angeliter, Schwansener, Flensburger: Angesichts der vielfältigen Traditionen der Region Schleswig können die folgenden zehn regionalen Rezepte neugierig machen und vielleicht auch auf den Geschmack bringen, sich selbst in Schleswig umzusehen. Es lohnt sich bestimmt!

Schleswig

Gedünstete Steinbutttranchen

Kolles Alter Muschelsaal
Karl-Heinz Kolle
Hafenstrasse 27
25761 Büsum
Telefon 04834 2440
Fax 04834 4555
E-Mail: kolle-buesum@t-online.de
www.kolles-alter-muschelsaal.de

1. Den Steinbutt portionieren. Das heißt: den Kopf abtrennen und ausnehmen, dann der Länge nach spalten und in Tranchen schneiden.

2. Kartoffeln schälen und aufsetzen. Die Fischbrühe und den Weißwein in einen Topf geben und zum Kochen bringen.

3. Die Zwiebel mit dem Lorbeerblatt und zwei bis drei Nelken spicken. Anschließend mit etwas geschnittenem Porree und der Karotte in die Brühe geben.
Die Brühe mit Salz und Zitrone leicht würzig abschmecken.

4. Für den Sahnemeerrettich Sahne schlagen, den Apfel und Meerrettich reiben, unter die Sahne ziehen und mit Salz, Pfeffer, Zucker abschmecken.

5. Im Anschluss den Fisch in den kochenden Sud einlegen und etwa fünf Minuten ziehen lassen (nicht mehr kochen).
Wenn der Steinbutt gar ist, anrichten und mit einem Dillwedel garnieren.
Den Steinbutt mit dem Sahnemeerrettich,der zerlassenen Butter und Salzkartoffeln servieren.

Als Beilage passt ein Salatteller.

Zutaten
(für 4 Personen)

4 Scheiben vom Steinbutt à 300 g
3 l Fischbrühe
0,25 l trockener Weißwein
1 Zwiebel, 1 Stange Porree
1 Karotte, 1 Apfel
200 g Butter
1/2 Stange Meerrettich
0,25 l Sahne
1 kg Kartoffeln
Salz, Pfeffer, Zucker
1 Lorbeerblatt, Dill
Nelken, Zitrone

Ziegenquarktorte

mit Backensholzer Ziegenfrischkäse ohne Boden

Familie Metzger-Petersen
25885 Hof Backensholz /
Oster-Ohrstedt
Telefon 04626 344
Fax 04626 1665
E-Mail: info@backensholz.de
Internet: www.backensholz.de

1. 200 g Butter schaumig rühren, Eier trennen. Eigelb, Zucker, Zitronensaft und -schale zur Butter geben und gut verrühren. Dann Quark, Grieß, Mehl und Backpulver vermengen und zur Butter-Eier-Masse geben.

2. Eiweiß mit Salz steif schlagen und unter den Teig heben.
Teig in eine gefettete Springform heben.
Im vorgeheizten Backofen bei ca. 180 Grad 50 bis 60 Minuten backen.

3. Den heißen Kuchen mit der restlichen Butter bepinseln und mit Puderzucker besieben.

Zutaten

250 g Butter
6 Eier
300 g Zucker
1,5 TL abgeriebene, ungespritzte Zitronenschale
3 EL Zitronensaft
1 kg trockener Ziegenquark
100 g Grieß
1 EL Mehl
1 Päckchen Backpulver
1 kräftige Prise Salz
etwas Puderzucker

Backensholzer Käsekrusten

Familie Metzger-Petersen
25885 Hof Backensholz /
Oster-Ohrstedt,
Telefon 04626 344
Telefax 04626 1665
E-Mail: info@backensholz.de
Internet: www.backensholz.de

1. Porree in dünne Scheiben schneiden und mit dem gequetschten Knoblauch kurz mit etwas Olivenöl in der Pfanne andünsten.

2. Anschließend alles in eine Schüssel geben und mit dem Quark verrühren. In diese Masse dann den grob gehobelten Käse geben und vorsichtig unterheben. Alles mit Salz, Cayennepfeffer und schwarzem Pfeffer aus der Mühle abschmecken.

4. Baguette in Scheiben schneiden und mit der Quark-Käsemasse dick bestreichen.

5. Im vorgeheizten Backofen bei 200 Grad 5 bis 9 Minuten gratinieren.

Alternativ:

Festkochende Kartoffeln in der Schale kochen, etwas abkühlen lassen und der Länge nach aufschneiden.
Die Schnittflächen ebenfalls großzügig mit der Quark-Käsemasse bestreichen und wie oben überbacken.

Zutaten

1 Baguette
3 Stangen Porree
1 Knoblauchzehe
200 g Magerquark
200 g junger Deichkäse
70 g gereifter Deichkäse (ca. 12 Monate gereift)
Salz, Cayenne und schwarzer Pfeffer aus der Mühle

Walpurgis Klingenhoff
Markeruper Gänse und Enten
Klingenhoff GmbH
Hauptstraße 7
24975 Husby OT. Markerup
E-Mail: klingenhoff-gmbh@t-online.de
Internet: www.klingenhoff.de

Markeruper Gänsebraten

1. Den Backofen auf 200 Grad vorheizen, die Gans innen und außen waschen und trocknen. Innen mit Salz, Pfeffer, Majoran würzen. Die Äpfel in Stücke schneiden, mit Rosinen oder Backpflaumen, Majoran und einem Schuss Cognac mischen, die Gans damit füllen und zubinden.

2. Nun die Gans in einem Bräter geben und bei 200 Grad eine halbe Stunde braten, dann die Hitze auf 180 Grad (Umluft 160 Grad) reduzieren und weitere 4 bis 5 Stunden braten. Währenddessen ab und zu etwas Fett abschöpfen.

3. Schließlich den Bratensatz mit Wasser oder Gänsefond ablöschen und mit Crème fraîche verfeinert.

Dazu passen Salzkartoffeln und Apfelrotkohl.

Zutaten

1 bratfertige Gans (4 bis 5 kg)
4 bis 5 Äpfel
Rosinen oder Backpflaumen
1 Schuss Cognac
Salz, Pfeffer, Majoran

Überbackene Lammkoteletts

Bertha Baumbach
Hofladen Baumbach
Schaf- und Lammspezialitäten
Pohnshalligkoogstr. 1
25845 Nordstrand
Telefon 04842 495
Fax 04842 680
Internet: www.lammfleisch.de

Die Schäferei Baumbach verschickt frisches Salzwiesenlammfleisch bundesweit auch per Post.

1. Basilikum und Petersilie hacken und mit dem zerbröselten Schafskäse mischen. Tomaten in dicke Scheiben schneiden.

2. Fleischränder der Koteletts oder Schulterscheiben einritzen und in Rapsöl von jeder Seite 2 bis 3 Minuten anbraten.
Das Fleisch aus der Pfanne nehmen und würzen. Knoblauch zerdrücken und auf dem Fleisch verreiben.

3. Das Fleisch mit den Tomatenscheiben in eine feuerfeste Form schichten, mit der Käse-Kräutermischung bestreuen und im vorgeheizten Backofen bei 250 Grad 15 bis 20 Minuten überbacken.

4. Dazu Folienkartoffeln und Salat servieren.

Zutaten

4 doppelte Lammkoteletts oder Schulterscheiben
je 1 Bund Basilikum und Petersilie
150 g Schafskäse
2 Fleischtomaten
2 EL Rapsöl
2 Knoblauchzehen
Salz, Pfeffer

Grüne Bohnen Lammfleisch-Eintopf

Bertha Baumbach
Hofladen Baumbach
Schaf- und Lammspezialitäten
Pohnshalligkoogstr. 1
25845 Nordstrand
Telefon 04842 495
Fax 04842 680
Internet: www.lammfleisch.de

Die Schäferei Baumbach verschickt frisches Salzwiesenlammfleisch bundesweit auch per Post.

1. Lammschulter in 1,5 l Wasser mit der Zwiebel und Salz ca. 1 Stunde gar kochen.

2. Anschließend die Zwiebel entfernen Die Brechbohnen und die geschälten,

gewürfelten Kartoffeln zum Fleisch geben, 20 Minuten gar kochen.

3. Das Lammfleisch aus dem Topf nehmen, in Würfel schneiden und wieder dazu geben.

4. Mit Mehl binden, mit Salz und Pfeffer abschmecken und den Eintopf mit der gehackten Petersilie garnieren.

Zutaten

750 g Lammschulter mit Knochen
1,5 l Wasser
1 ganze Zwiebel
Salz, Bohnenkraut
1 kg frische Brechbohnen
500 g Kartoffeln
1 EL Mehl
Salz, Pfeffer, Petersilie

Föhrer Muscheln GmbH
Deichwanderweg 6
25899 Dagebüll
Telefon 04667 94040
Fax 940420
E-Mail: info@foehrermuscheln.de
Internet: www.foehrermuscheln.de

Miesmuscheln

in Kräutersud (für Muschel-Anfänger)

1. Die Schalotten hacken und in der Butter andünsten. Anschließend mit dem Wein ablöschen.

2. Kräuter und Muscheln dazugeben und bei mäßiger Hitze garen, bis sich die Schalen geöffnet haben.

3. Die Muscheln in eine vorgewärmte Schüssel umfüllen.
Den Kräutersud mit Salz und Pfeffer abschmecken und wieder über die Muscheln geben.
Dazu je nach Geschmack ein kühles Bier und ein kräftiges Schwarzbrot oder einen trockenen Weißwein und knuspriges Baguette reichen.

Tipp: Stecken Sie beim Essen die leeren Schalen einfach ineinander – so sparen Sie viel Platz!

Zutaten

3 kg frische Miesmuscheln
8 Schalotten
2 EL Butter
0,125 l Weißwein
2 EL gehackte Petersilie
2 EL gehackte, gemischte Kräuter (Dill, Rosmarin, Salbei, Kerbel)
Salz, Cayenne, Pfeffer aus der Mühle

Landpartie-Menü „Schleswig", 1. Gang

Tranche vom Kabeljau

auf eingekochten Radieschen in Spinatjus mit Krabbenstick

André Stolle
Küchenchef im Romantikhotel
„Altes Gymnasium"
Süderstraße 6 – 8
25813 Husum
Telefon 04841 8330
Fax 04841 83312
E-Mail: info@altes-gymnasium.de,
Internet: www.altes-gymnasium.de

1. Das Kabeljaufilet in 4 gleichmäßige Scheiben schneiden und bis auf weiteres kalt stellen.

2. Wenn alles vorbereitet ist, den Kabeljau würzen und langsam, nur auf der Hautseite in Olivenöl braten. Kurz vor Ende der Bratzeit Butter und etwas Thymian zugeben.

3. Für die eingekochten Radieschen diese von Wurzel und Grün befreien, waschen und danach vierteln. In etwas Butter, mit feinen Schalottenwürfeln angehen lassen. Dabei schon etwas Salz und Zucker zugeben. Die Sahne auffüllen und alles bei kleiner Flamme einkochen. Kurz vor dem Anrichten nachschmecken und mit ein wenig Himbeeressig parfümieren.

4. Aus dem blanchierten Spinat und der reduzierten Fischbrühe mit Hilfe eines Mixers einen Saft herstellen. Vorsicht: Dieser Saft darf nicht zu lange stehen, da er sonst grau wird! Kurz aufkochen und buttern, mit Gewürzen nachschmecken und direkt anrichten.

5. Für die Krabbensticks ca. 16 g Krabbenfleisch schneiden und mit etwas weißem Pfeffer würzen. Anschließend auf den mit flüssigem Eiweiß bestrichenen Frühlingsrollenteig auflegen. Die Platten straff zu 4 gleichmäßigen Stangen rollen und diese Sticks in Olivenöl kross ausbacken.

6. In einem tiefen Teller die Radieschen mittig anrichten. Darauf setzt man den gebratenen Kabeljau mit der Haut nach oben. Auf den Fisch die restlichen Krabben verteilen. Die Spinatjus au tour anrichten und für jeden Teller einen Krabbenstick oben auflegen.

Zutaten
(Für vier Portionen)

300 g Kabeljaufilet mit Haut; geschuppt und ohne Gräten
200 g Radieschen ohne Grün
100 g Sahne
150 ml Fischfond, reduziert
100 g Spinat
100 g Butter
2 Blatt Frühlingsrollenteig
40 g Krabbenfleisch
Eiweiß
Olivenöl
Himbeeressig
Salz, Pfeffer (weiß, aus der Mühle)
Zucker
Cayenne- Pfeffer

Landpartie-Menü „Schleswig", 2. Gang

Wadengulasch vom friesischen Ochsen

mit gestampften Kartoffeln „beurre noisette" und Vanillerüben

André Stolle
Küchenchef im Romantikhotel
„Altes Gymnasium"
Süderstraße 6 – 8
25813 Husum
Telefon 04841 8330
Fax 04841 83312
E-Mail: info@altes-gymnasium.de,
Internet: www.altes-gymnasium.de

1. Die Ochsenwade von Sehnen befreien und in gleichmäßige Würfel schneiden, würzen und anbraten. Nebenbei aus dem Gemüse das Röstgemüse herstellen und mit dem Rot- und Portwein ablöschen. Den Alkohol reduzieren lassen und dann den Rinderfond zugeben. Den Schmorfond aufkochen lassen und die angebratenen Wadenwürfel einlegen. Die Würfel langsam schmoren.

2. Nach dem Schmoren die Wade ausstechen und den Fond durch ein feines Sieb geben. Den Fond reduzieren lassen, nachschmecken und buttern, das abgekühlte Gulaschfleisch einlegen und langsam wieder auf Temperatur bringen.

3. Die Kartoffeln in der Schale mit ganz wenig Kümmel im Salzwasser kochen. Noch heiß schälen, kurz ausdämpfen und mit einem Kartoffelstampfer grob stampfen. Aus der Butter unter Rühren eine Nussbutter herstellen: Einfach die Butter in einer Pfanne braun werden lassen. Die gekochte, braune Butter muss nun „passiert" werden – am besten geht das, wenn Sie ein feines rundes Sieb mit Küchenpapier auslegen, und die Butter durchgießen.

4. In einer beschichteten Pfanne die gestampften Kartoffeln goldgelb anbraten und dabei abschmecken. Auf den angebratenen Stampf die Nussbutter und die aufgekochte Milch geben und daraus eine homogene Masse herstellen. Den Kartoffelstampf direkt als Nocken neben dem Gulasch anrichten

5. Das Gemüse schälen, getrennt in frischer Butter sautieren (anbraten) und mit etwas Brühe garen. Mit Salz, Zucker und Pfeffer aus der Mühle abschmecken, etwas Vanillemark zugeben und mit Champagneressig aromatisieren. Vor dem Anrichten mischen und locker über das Gulasch geben. Alles noch mit frischen Kräuterspitzen garnieren.

Zutaten

800 g Ochsenwade, in Würfel geschnitten
200 g Sellerieknolle
3 Karotten
3 Zwiebeln
3 EL Tomatenmark
0,5 l Rotwein
0,15 l Portwein, rot
1,5 l Dunkler Rinderfond
10 Zweige Thymian
Kalte Butter
Salz, Pfeffer (weiß, aus der Mühle), Muskat, Zucker
400 g Kartoffeln (Linda, in der Schale)
150 g Butter, geschmolzen und nussig gebräunt
50 g Milch
250 g Karotten, klein
100 g Kerbelwurzeln
150 g Kohlrabi
Kräuterspitzen
Champagneressig
Vanillemark

Landpartie-Menü „Schleswig“, 3. Gang

André Stolle
Küchenchef im Romantikhotel
„Altes Gymnasium“
Süderstraße 6 – 8
25813 Husum
Telefon 04841 8330
Fax 04841 83312
E-Mail: info@altes-gymnasium.de,
Internet: www.altes-gymnasium.de

Topfengugelhupf

mit gegrilltem Hattstedter Streifling in Karamellsirup

1. Hefe mit einer Prise Zucker und Milch mischen, zugedeckt gehen lassen. Quark mit dem heißen Schmalz begießen und gut mischen. Rahm, Eier, Eigelb und Salz einrühren. Mehl mit der Hefemasse und danach mit der Quarkmasse mischen. Den mittelfesten Teig gut aufschlagen und zugedeckt an einem warmen Ort rund 30 Minuten gehen lassen. Alles in eine gebutterte, mit Zucker ausgestreute Gugelhupfform geben und im vorgeheizten Backofen bei 180 Grad ca. 20 Minuten backen. Den fertigen Gugelhupf in Stücke schneiden und auf den Äpfeln anrichten.

2. In der Backzeit die Äpfel schälen, vierteln und entkernen. Aus den Apfelresten mit Wasser und 50 Gramm Zucker einen Fond herstellen. 6 Apfelviertel nochmals halbieren und in einer Grillpfanne anbraten. Die restlichen Apfelstücke mit dem Fond zu einem Püree kochen. Die von beiden Seiten gegrillten Apfelspalten in das Kompott geben und mit diesem anrichten.

3. Für den Karamellsirup 50 Gramm Zucker langsam schmelzen. Zu dem Karamell 20 Gramm Butter geben und mit Apfelsaft ablöschen. Den Fond zum Kochen bringen und ca. 2 Minuten kräftig durchkochen. In den noch warmen, aber nicht mehr kochenden Sirup aus ca. 50 Gramm Butter kleine, kalte Würfel einrühren. Nun nur noch mit dem Apfelbrand abschmecken und anrichten.

Zutaten

350 g Mehl
20 g Hefe
3 EL Milch
200 g Quark
60 g Schmalz
2 EL Sauerrahm
2 Eier
2 Eigelb
1 TL Salz
Backfett
3 Äpfel („Hattstedter Streifling“)
Zucker
70 g Butter
60 g Apelsaft
Apfelbrand

Von deftig-kräftig bis feinsinnig-delikat

Holsteiner Katenschinken, Holsteiner Mettwurst, Holsten-Bier – solche Bezeichnungen überregional bekannter Spezialitäten machen klar, dass hier gern und deftig-kräftig gegessen und getrunken wird. Klar, wer viel arbeitet, muss auch viel essen. Doch zwischen Dithmarschen an der Nordseeküste, Pinneberg, Segeberg, Stormarn und Ostholstein an der Ostsee lassen sich auch viel feinsinnigere Delikatessen entdecken. Wer weiß denn schon, wie eine Meeräsche schmeckt, Perlhuhnbrust mundet oder sich ein „Dithmarscher Mehlbüdel" schmackhaft zubereiten lässt? Wie im nördlichen Landesteil Schleswig, kommen auch in Holstein ganz unterschiedliche Landschaften und Mentalitäten zusammen. Die Insulaner Fehmarns fühlen sich anderen Traditionen verpflichtet, als beispielsweise die Dithmarscher, Steinburger oder Pinneberger. Dass viele Schleswig-Holsteiner immer noch Wert auf ihre jeweiligen Wurzeln legen, lässt sich glücklicherweise an der erstaunlichen Vielzahl unterschiedlicher regionaler Gerichte und Rezepte ablesen, die immer wieder neu entdeckt und weiterentwickelt werden. In Dithmarschen dominiert heute der Kohl- und Gemüseanbau im großen Stil.

In der Krautwerkstatt in Wesselburen beispielsweise spürt Hubert Nickels den vielfältigen Kohl-Zubereitungen nach. Selbst den „Dithmarscher Mehlbeutel" gibt es in ganz unterschiedlichen Zubereitungen – und jede ist die „einzig originale"! An der Westküste dürfen natürlich Nordseefisch („Büsumer Kutterscholle"), Krabben, Deich- und Salzwiesenlämmer in den unterschiedlichsten Zubereitungsarten auf den Speisekarten der Region nicht fehlen. Vom dänischen Jütland über Flensburg, Schleswig,

Neumünster, Elmshorn bis hin nach Altona, einstmals dänische Hafenstadt, verläuft seit Jahrhunderten der so genannte „Ochsenweg". Über diese Route zogen nicht nur die Viehhändler mit ihren Herden, sondern in Kriegszeiten auch Könige und Fürsten mit ihren Heeren.

Klar, dass heute wieder etliche Restaurants Ochsenfleisch auf den Speise-karten führen – es gilt als das schmackhafteste Rindfleisch überhaupt.

Im Ostholsteinischen fühlen sich viele Restaurants der feineren regionalen Küche verpflichtet. Traditionell wurde auf den hier dominierenden Gütern aufwendiger gekocht. Traditionen, mit denen beispielsweise in der Landeshauptstadt Kiel Joachim Strehler im „Lüneburghaus" gerne spielt – hier wurde bereits so manches Rezepte aus alten Tagen weiterentwickelt. Parallel zur „feineren Küche" bieten seit einigen Jahren viele Bauernhöfe und Hofcafés Ausflüglern frischen Kuchen, Torten und auch traditionelle Hofgerichte an, mit denen früher die Mitarbeiter beköstigt wurden. Ein Verzeichnis dieser Bauernhofcafés gibt es bei der Landwirtschaftkammer in 24103 Kiel, Holstenstraße 106–108.

Holstein

Holsteiner Ochsenfilet
auf Steinpilzen mit Olivennudeln

Parkhotel Rosarium
Maren und Sabine Lexow oHG
Berliner Strasse 10
25436 Uetersen
Telefon 04122 92180
Fax 04122 921877
E-Mail: Info@parkhotel-rosarium.de
Internet: www.parkhotel-rosarium.de

1. Steinpilze mit einem kleinem Messer putzen, kurz abspülen und abtropfen.
Die Pilze von oben nach unten in dicke Scheiben schneiden. Schalotten schälen und in kleine Würfel schneiden. Schnittlauch fein schneiden. Die Oliven entsteinen und würfeln.

2. Die Ochsenfilets in einer heißen Pfanne von beiden Seiten mit Öl ca. 3 Minuten anbraten. Danach die Steaks mit Salz und Pfeffer würzen und mit etwas Butter und Rosmarin in den Backofen bei 150 Grad schieben (für 2 bis 3 Minuten).

3. In der Zwischenzeit die Nudeln in gesalzenem Wasser mit Biss kochen. Die Steinpilze in heißer Butter goldgelb anbraten, Schalotten und Schnittlauch dazu geben, mit Salz und Pfeffer abschmecken und kurz vor dem servieren die geschlagene Sahne beigeben.
Die gekochten Nudeln mit den Oliven-Würfeln in Butter schwenken.

Zum Servieren die Steinpilze auf einen Teller geben, das Ochsenfilet darauf setzen und die Olivennudeln mit einer Fleischgabel aufdrehen und anlegen.

Tipp: Dieses Gericht lässt sich auch mit Schweinefilet oder Pfifferlingen zubereiten.

Zutaten

4 Ochsenfilets vom Fleischerfachgeschäft (à 180 bis 200 g)
600 g frische Steinpilze
320 g Papperdelle (breite Nudeln)
6 Schalotten
2 Bund Schnittlauch
ca. 20 schwarze Oliven
1 Zweig Rosmarin
200 ml Schlagsahne
160 g Butter
Salz und Pfeffer
Öl zum Braten

Johannisbeergelee

Magrit Göttsche
Kamerun 1
25581 Hennstedt
Telefon 04877 400

1. Die Johannisbeeren mit Stiel waschen und abtropfen lassen.

2. Den Zucker zu „Krümpelzucker" verarbeiten („Krümpelzucker": Zucker in einem trockenen Topf unter ständigem Umrühren erhitzen bis er leicht zusammenballt. Der Zucker darf nicht braun werden).

3. Die Früchte auf den heißen Zucker geben, gut verrühren und dann 6 bis 8 Minuten kochen lassen. Anschließend Gelier probe machen: Dafür etwas von der Fruchtmasse auf einen kalten Teller geben. Verläuft die Masse, wurde sie noch nicht lange genug gekocht. Die Masse sollte eine feine Haut bilden und nicht mehr fließen.

4. Die Masse durch ein Haarsieb gießen und sofort randvoll in Gläser füllen. Gläser mit Zellophanpapier zubinden oder Twist-Off-Gläserverwenden.

Das Gelee gelingt am besten, wenn jeweils nur eine Portion in einem breiten Topf gekocht wird.

Zutaten

1 kg rote oder schwarze Johannisbeeren (oder auch Brombeeren)
900 g Zucker

Dithmarscher
Bunter Mehlbeutel

Hotelrestaurant „Zur Linde"
Rolf und Gerd Rogalla
Südermarkt 1
25704 Meldorf
Telefon 04832 95950
Fax 04832 4312
E-Mail: linde-meldorf@t-online.de
Internet: www.linde-meldorf.de

1. 500 g Mehl mit der Milch zu einem Brandteig verarbeiten, die Eier nacheinander unterrühren, bis der Teig glatt ist. Die Rosinen, Backpflaumen und Korinthen mit dem restlichen Mehl vermengen und unter den Teig rühren.

2. Eine große Stoffserviette (Tuch 80 x 80 cm) heiß ausspülen, gut wringen und in eine große Schüssel legen. Den Teig hinein geben, die Tuchzipfel über dem Teig zusammenbinden – aber so, dass dem Teig genug „Luft" zum Aufgehen bleibt.

3. Einen sehr großen Topf mit viel Wasser bei starker Hitze aufsetzen, die Schweinebacke hinein geben und aufkochen.

4. Den Mehlbeutel an einem Holzlöffelstiel in den Topf hängen – er darf den Topfboden aber nicht berühren. Halb zugedeckt ca. 2 Stunden kochen lassen, dabei verdampftes Wasser stets durch neues heißes Wasser ersetzen. Das Wasser muss immer kochen.

5. Nach der Garzeit den Mehlbeutel aus dem Topf nehmen und 10 Minuten auskühlen lassen. Dann das Tuch entfernen und den Mehlbeutel auf einen Teller stürzen.

6. Den Mehlbeutel wie eine Torte aufschneiden, dazu flüssige Butter und eine Fruchtsauce reichen.

Zutaten
(für 4 bis 6 Personen)

Mehlbeutel
1 kg Mehl
1 l Milch
6 bis 8 Eier
250 g Rosinen
250 g Backpflaumen
1 Prise Zimt
125 g Korinthen

Buttersauce
250 g Butter

Kirschsauce
1 Glas Sauerkirschen
1 EL Mondamin
2 EL Zucker
1 Prise Zimt

Gebackener Kürbis

Fachschule für Hauswirtschaft
im ländlichen Raum
Markus Schalkalwies
Mannhardstraße 3
25557 Hanerau-Hademarschen
Telefon 04872 9080
Fax 04872 90833
E-Mail: Lfs-Hademarschen
@t-online.de
Internet: www.fachschule-hauswirtschaft.de

1. Den Kürbis schälen, Kerne entfernen, in ca. 200 Gramm schwere Spalten schneiden, auf ein mit Backpapier ausgelegtes Backblech legen, Olivenöl, Salz und Kräuter der Provence auf die Kürbisspalten geben.

2. Die Kürbisspalten 15 Minuten lang bei 180 Grad backen, mit Holsteiner Katenschinken und Pumpernickel anrichten.

Zutaten

200 g Kürbisspalten
2 EL Olivenöl
1/2 TL Kräuter der Provence
1 Prise Salz
2 dünne Scheiben Holsteiner Katenschinken
2 Scheiben Pumpernickel

Stachelbeer-Baiser-Torte

Orchideen-Café
Hannchen Pucks
Holstenstraße 2
25560 Schenefeld
Telefon 04892 318
Fax 04892 85038
Internet: www.orchideencafe.de

1. Eiweiß vom Eigelb trennen, das Eiweiß beiseite stellen. Margarine und Zucker schaumig rühren, nach und nach 5 Eigelb hineinrühren. Dann die restlichen Zutaten hinzugeben. Den Teig auf 2 Springformen (28 cm Durchmesser) verteilen.

2. Die 5 Eiweiß mit 200 g Zucker steif schlagen und auf die beiden Böden verteilen. Einige gehobelte Mandeln darauf streuen. Bei 160 Grad im Umluftofen 30 Minuten backen.

Auf einen ausgekühlten Boden Stachelbeeren aus dem Glas und 600 g geschlagene Sahne geben. Den zweiten Boden darauf legen.

Zutaten

150 g Margarine
150 g Zucker
5 Eier
1 Päckchen Vanillezucker
3 EL Milch
175 g Mehl
3 TL Backpulver

Krautmeister Hubert Nickels
Bahnhofstraße 22 a
25764 Wesselburen
Telefon 04833 45890 oder 2660
Fax 04833 458959
E-Mail: Treff20-Wesselburen@t-online.de
Internet: www.kohlosseum.de

Heikes und Huberts

Landpartiesalat

1. Das Sauerkraut auf einem Schneidebrett mit einem Messer in kurze Stücke schneiden und die Möhren raspeln.

Die Gewürzgurken aus dem Glas mit einem Messer würfeln.

2. Alles in eine Salatschüssel geben, mit den tiefgekühlten Salatkräutern würzen und 2 EL Rapsöl und 1 EL Zitronensaft hinzugeben.
Alles gut mischen, mit 2 EL Imker-Honig abschmecken und als Salat servieren.

Zutaten

1 Glas Frischsauerkraut à 450 g
2 Möhren (ca. 100 g)
2 Gewürzgurken (ca. 100 g)
1/2 Packung (ca. 12 g) tiefgekühlte Salatkräuter (Petersilie, Schnittlauch, Zwiebeln)
2 EL Rapsöl
1 EL Zitronensaft

Orchideen-Café
Hannchen Pucks
Holstenstraße 2
25560 Schenefeld
Telefon 04892 318
Fax 04892 85038
Internet: www.orchideencafe.de

Hochzeitskaffee

1. Die Eier in einer Schüssel mit etwas Wasser schlagen und den gemahlenen Kaffee dazu geben.

2. Die Masse in das kochende Wasser gießen und alles einmal aufkochen lassen. Nun muss der Kaffee 10 Minuten ziehen, um anschließend in Kannen gefiltert zu werden.

Zutaten
(für 10 Personen)

5 Liter Wasser
250 g Kaffee
4 Eier
Prise Salz und Zucker

Landpartie-Menü „Holstein“, 1. Gang:

Schaschlik vom Freilandhuhn

und Jakobsmuscheln mit Tomatenkompott

Lüneburg Haus
Jochen Strehler
Dänische Str. 22
24103 Kiel
Telefon 0431 98 26 000
E-Mail: jochen@lueneburghaus.com
Internet: www.lueneburghaus.com

Schaschlik

1. Je nach Größe die Jakobsmuscheln ganz lassen oder halbieren. Die Hühnerbrüste enthäuten und in etwas kleinere Stücke schneiden als die Muscheln.

2. Hühner- und Muschelfleisch marinieren.
Die Marinade aus dem Saft einer Zitrone, Salz, Pfeffer, etwas Paprika-, Cayenne- und Currypulver und einigen Fingerspitzen Speisestärke herstellen.

3. Okra-Schoten in passende Stücke schneiden und in kräftigem Salzwasser knackig garen; dann abschrecken und den natürlichen „Schleim“ etwas abspülen; trocken tupfen.

4. Das Hühner- und Muschelfleisch sowie die Schoten abwechselnd auf Schaschlik-Spieße stecken und langsam im Backofen grillen – in diesem Falle entweder Alufolie verwenden oder eine geschlossene Grillplatte, denn auf Rosten würde das Fleisch ankleben.

Tomatenkompott

1. Frische Zwiebel und Knoblauch in Olivenöl anschwitzen.

2. Dosentomaten grob hacken und mit ihrem Saft aufkochen; mit etwas angerührter Speisestärke binden, mit Tabasco, Pfeffer, Zucker und Salz würzen, dann kalt stellen.

3. Zum Fertigstellen frische Tomatenwürfel (ohne Haut und Kerne!) und gehackte Dörrtomaten unterheben, mit etwas weißem Balsam-Essig abschmecken.

Zutaten

Schaschlik
Weißes Jakobsmuschelfleisch, 2 „Nüsse“/Person
1 Hähnchenbrust/Person
2 bis 3 Okra-Schoten/Person
Saft einer Zitrone
Salz, Pfeffer
etwas Paprika-, Cayenne- und Currypulver
einige Fingerspitzen Speisestärke

Tomatenkompott
Dosentomaten
1 frische Zwiebel
Knoblauch
frische Tomatenwürfel (ohne Haut und Kerne!)
Dörrtomaten, gehackt
weißer Balsam-Essig
Tabasco, Pfeffer
Zucker und Salz

Landpartie-Menü „Holstein“, 2. Gang:

Birnen, Bohnen & Lamm

Lüneburg Haus
Jochen Strehler
Dänische Str. 22
24103 Kiel
Telefon 0431 98 26 000
E-Mail: jochen@lueneburghaus.com
Internet: www.lueneburghaus.com

Lammjus

1. Die klein gehackten Knochen des Lammrückens langsam zu schöner Farbe braten, das Röstgemüse zugeben und weiter anrösten. Eventuell mit Wasser ablöschen und weiter braten. Wenn alles schön braun ist, das Tomatenmark kurz mitrösten, mit Rotwein ablöschen und in einen hohen Topf umfüllen. Mit kaltem Wasser leicht bedecken, ein wenig Salz zufügen und zum Kochen bringen.

2. 2 bis 3 Stunden leicht köcheln, zwischendurch abfetten und abschäumen. Anschließend durch ein feines Sieb oder ein Tuch passieren. Wenn die Jus etwas ab gekühlt ist, das restliche Fett einfach abnehmen. Wieder in einen Topf umfüllen und mit Stielen des Bohnenkrauts und den Abschnitten der Birnen (siehe unten) auf die Hälfte einkochen, anschließend mit Pfeffer, Salz, dem Birnenschnaps und einem Spritzer Balsam-Essig abschmecken. Nun die Sauce mit der Mehlbutter zur gewünschten Konsistenz kochen.

Kartoffeln, Birnen & Bohnen

1. Die Kartoffeln werden längs halbiert und so geschält, dass sie an den beiden Enden spitz zulaufen und in der Mitte am dicksten sind („tournieren“). Anschließend mit etwas Biss kochen, abschrecken und vor dem Servieren goldgelb angebraten. Geviertelte Birnen in eine ähnliche Form bringen. Die Kernhäuser ausschneiden. An der Außenseite nicht schälen. Die Birnen werden später mit etwas Butter, Zucker und Zitronenensaft gar, aber nicht zu weich gedünstet. Die Birnenkernhäuser und die Schalen kommen zur Lammsauce (siehe oben), um dort bereits für etwas Birnengeschmack zu sorgen.

2. Die Bohnen waschen und zu „Schnippelbohnen“ schneiden. Anschließend in reichlich Salzwasser (von dem Bohnenwasser ein paar EL aufheben) knackig gar kochen und in kaltem (Eis-)Wasser abschrecken, abtropfen lassen. Speck- und Zwiebelwürfel hell anbraten, das aufgehobene Bohnenwasser, die Crème fraîche und 1 EL gehacktes Bohnenkraut zugeben und zu einer Creme kochen. Mit Salz, Pfeffer und Muskat abschmecken. In dieser Creme werden die Bohnen kurz vor dem Servieren wieder erwärmt.

Lamm

1. Die Rückenfilets salzen, pfeffern und im Butterschmalz scharf anbraten. Auf ein Blech geben und bei 160 bis 170 Grad zu Ende garen (5 bis 10 Minuten). Anschließend in Alufolie einige Minuten ruhen lassen. Vor dem Essen nochmals kurz im Ofen erhitzen.

Zutaten

1,5 kg frischer Lammrücken
wenig Butterschmalz oder gutes Öl zum Anbraten
4 Kochbirnen
1,5 kg festkochende Kartoffeln (z.B. Cilena)
1 Pfund grüne Schneidebohnen
etwas Bohnenkraut
50 g feingewürfelter, durchwachsener Speck
50 g Zwiebelwürfelchen
100 g Crème fraîche
200 g Röstgemüse mit Zwiebeln (in Würfel geschnitten)
etwas Tomatenmark
etwas Rotwein
1 EL Mehlbutter
etwas Schlagsahne
guter Balsam-Essig
Salz, Pfeffer, Zucker, Muskat
Butter, Zitronensaft,
1 Schnapsglas Birnengeist

Landpartie-Menü „Holstein“, 3. Gang

Lüneburg Haus
Jochen Strehler
Dänische Str. 22
24103 Kiel
Telefon 0431 98 26 000,
E-Mail: jochen@lueneburghaus.com
Internet: www.lueneburghaus.com

Panna Cotta

mit warmem Schokoladenkuchen und gegrillter Ananas

1. Die Sahne mit 2 EL Zucker und der ausgekratzten Vanilleschote, der abgeriebene Zitronenschale und der Stange Zimt aufkochen und ca. 10 Minuten kochen, dabei reduziert sich die Sahne um rund ein Viertel.

2. Die 3 Blatt Gelatine in kaltem Wasser einweichen, ausdrücken und in die heiße Sahne geben. Die fertige Masse in einem kalten Wasserbad abkühlen; kurz vor dem Festwerden dann in kleine ausgespülte Portionsförmchen geben. Über Nacht (mind. 5 bis 6 Stunden) kalt stellen, zum Servieren ganz kurz in heißes Wasser tauchen und stürzen.

Warmer Schokoladenkuchen

1. Butter, Zucker und das Eigelb der 6 Eier schaumig rühren und das Mehl unterheben. Die Kuvertüre flüssig unterrühren und anschließend die 6 Eiweiß steif geschlagen unterheben.

2. Alles zusammen in gebutterten und gezuckerten Förmchen im Wasserbad garen. Danach bei 150 bis 160 Grad ca. 25 Minuten im Ofen backen – die Küchlein sollen schön saftig sein, nicht ganz durchgebacken wie ein normaler Kuchen, eher wie ein lockerer Pudding!

Gegrillte Ananas

1. Die frische, reife Ananas schälen, in Scheiben schneiden. Etwas zuckern (gerne Rohrzucker) und mit einem guten Pflanzenöl (z. B. Rapsöl) leicht ölen. Auf dem Grill (der nicht mehr zu heiß sein darf – also eher am Schluss des Grillabends) langsam karamelisieren lassen und warm servieren.

Zutaten

Panna Cotta
0,5 l Sahne
3 EL Zucker
1 ausgekratzte Vanilleschote
1 Stange Zimt
3 Blatt Gelatine

Warmer Schokoladenkuchen
250 g Butter
200 g Zucker
125 g Mehl
250 g Kuvertüre
6 Eier

Gegrillte Ananas
1 frische Ananas

Im kulinarischen Dreieck

Weitläufige Wälder, große und kleine Seen, verschwiegene (Wasser-) Wege – das kleine und traditionell immer etwas eigenständige Herzogtum Lauenburg hat sich im Dreieck zwischen Holstein, Mecklenburg und Niedersachsen vieles von der alten Kulturlandschaft erhalten können. Der hier liegende „Naturpark Lauenburgische Seen" ist heute ein Refugium selten gewordener heimischer Pflanzen und Tiere. Klar, dass von diesem Reichtum der Natur auch die heimische regionale Küche profitiert.

In Grambek bei Mölln züchtet sogar Deutschlands erster zertifizierter Bio-Karpfenzüchter Michael Bothstede in uralten Teichen. Er liefert seine Fische an etliche Restaurants in der Umbebung und verkauft natürlich auch direkt. Der junge, vielfach mit Preisen ausgezeichnete Koch Sönke Schlie ist Stammkunde in Grambek. Er führt den alten Familienbetrieb direkt am Möllner Stadtsee und kombiniert die regionalen Zutaten gern mit Finessen der Gourmetküche.

Eine große Spezialität in Herzogtum Lauenburg sind die großen und kleinen Maränen, die im Ratzeburger See und dem Schaalsee gefangen werden. Dieser lachsartige Fisch ist in besonders tiefen und sauberen Seen zu Hause und gilt nicht nur im Lauenburgischen als Delikatesse. „Maräne" hat denn auch Holger Rinck in Groß Zecher sein Restaurant am Schaalsee genannt, in dem er auch andere immer frisch zubereitete Süßwasserfisch- und auch Wildspezialitäten serviert. Einen Teil seiner Fische bekommt er von den Schaalseefischern, aber am liebsten geht Holger Rinck selbst 'raus auf Fischzug.

Wenige Schritte von ihm entfernt liegt die „Kutscherscheune", in der Hannelore von Witzendorff auf ihrem landwirtschaftlichen Betrieb nicht nur leckere Torten serviert. Von hier

aus lässt sich ein schöner Spaziergang entlang des Werders machen, einer in den Schaalsee ragender Halbinsel. Überhaupt – im Lauenburgischen gibt es inzwischen viele Hofcafés zu entdecken, die ganz unterschiedliche Kuchen und Torten anbieten. Eine Besonderheit ist die „Domäne Fredeburg“, ein kreiseigener Landwirtschaftsbetrieb, der von den Pächtern, der „Hofgemeinschaft Fredeburg“, ökologisch bewirtschaftet wird. Auf dem Demeter-Betrieb gibt es im Hofladen als Spezialität selten gewordene Gemüsesorten, wie beispielsweise Pastinaken. Berühmt ist der Hof auch für seinen selbst gemachten Käse, von dem in Fredeburg verschiedene Sorten hergestellt werden. Gleich nebenan laufen Wildschweine im Gehege und sogar Wisente, eine Rückzüchtung der einstigen europäischen Wildrinder, lassen sich hier beobachten.

Wild ist neben Fisch die zweite regionale Besonderheit der lauenburgischen Küche. Familie von Bülow, uralter lauenburgischer Adel, liefert Wild aus den heimischen Wäldern an Restaurants der Umgebung. Dank eines Schlachtunternehmens der Region gibt es frisches Wildfleisch und sogar Wildwurst in einigen regionalen Supermärkten.

Herzogtum Lauenburg

Grambeker Spiegelkarpfen „Blau“

aus dem Wurzelsud mit Petersilienkartoffeln, Sahnemeerrettich und zerlassener Butter

Restaurant und Hotel
„Zum Weißen Ross“
Sönke Schlie
Hauptstraße 131
23879 Mölln
Telefon 04542 2772
Fax 04542 822774
E-Mail: schliemail@aol.com
Internet: www.weissesross.com

1. Kartoffeln waschen, schälen und wiederum waschen. Das Gemüse für die Court-Bouillon mit einem Bratenband zu einem Bouquet garni (Kräutersträußchen) binden. Die Gewürze in einen Teebeutel geben. Das Wasser für die Court-Bouillon zum Kochen bringen, das Meersalz, das Bouquet garni, sowie den Gewürzbeutel hinzufügen – 20 Minuten kurz unter den Siedepunkt ziehen lassen.

2. Die Blattpetersilie waschen, zupfen und in feine Streifen schneiden.

3. Den küchenfertig, ausgenommenen Spiegelkarpfen mit einem scharfen Küchenmesser der Länge nach spalten. Die beiden Hälften in Kopf- und Schwanzstück teilen und behutsam unter kaltem Wasser von Blutresten befreien, ohne jedoch die äußere Schleimschicht zu beschädigen. Die so vorbereiteten Karpfenstücke mit der Hautseite nach oben auf ein Küchenblech setzen, mit dem Weinessig übergießen und kurze Zeit kühl stellen.

4. Die geschnittenen Kartoffeln in Salzwasser kochen. Den frischen Stangenmeerrettich waschen, schälen und mit einer feinen Küchenreibe reiben, anschließend mit wenig Salz und einem Spritzer Zitronensaft würzen. Die Sahne steif schlagen und vorsichtig unter den geriebenen Meerrettich heben; bis zum Servieren kühl stellen. Die Zitronen zu Sternen ausstechen.

5. Das Gemüse und den Gewürzbeutel aus der Court-Bouillon entfernen, die Karpfenstücke samt Essig in die Bouillon geben und ca. 15 Minuten bei mäßiger Hitze garen. Parallel dazu die Gemüsestreifen für die Garnitur in wenig flüssiger Butter dünsten. Die Kartoffeln abgießen, mit einem Teil der flüssigen Butter übergießen und mit den Petersilienstreifen bestreuen.

6. Anrichten: Die Karpfenstücke vorsichtig mit einer Schaumkelle aus den Pochierfond heben, auf einem Tuch zum Abtropfen kurz absetzen und auf vorgewärmten Tellern anrichten. Die Petersilienkartoffeln um die Karpfenstücke arrangieren.
Die gedünsteten Gemüsestreifen an den Karpfen setzen und je mit einem Zitronenstern, sowie einer Dillspitze vollenden. Den Sahnemeerrettich, sowie die übrige zerlassene Butter separat reichen.

Zutaten

2 kg Spiegelkarpfen, frisch und küchenfertig
Court-Bouillon
3 l Wasser
100 g Möhren
100 g heller Lauch
100 g Sellerie
50 g Schalotten
50 g Petersilienwurzel
50 g Meersalz
1 Lorbeerblatt
15 weiße Pfefferkörner
1 Zweig Thymian
2 Wacholderbeeren
0,1 l feiner Weißweinessig
Garnitur und Beilagen
400 g Gemüsestreifen von Sellerie, Lauch und Möhre
800 g festkochende Speisekartoffeln
100 g Blattpetersilie
200 g Butter
100 g frischer Stangenmeerrettich
150 g geschlagene Sahne
3 Zitronen
4 Dillspitzen

Landpartie-Menü „Lauenburg“, 1. Gang

Riccotta-Spinatravioli

mit gebratenen Austernpilzen und Parmesan

Restaurant und Hotel
„Zum Weißen Ross“
Sönke Schlie
Hauptstraße 131
23879 Mölln
Telefon 04542 2772
Fax 04542 822774
E-Mail: schliemail@aol.com
Internet: www.weissesross.com

1. Den Hartweizendunst und den Weizengrieß in einer Schüssel mischen. Die Eier aufschlagen, Salz, Olivenöl und den gemahlenen Safran hinzugeben und kräftig durchschlagen. Diese Mischung zum Mehl geben und zu einem festen Nudelteig verarbeiten.

2. Mit Folie abdecken und für 1 Stunde kühl stellen. Den Spinat waschen, putzen, grob zerschneiden und trocken schleudern. Die Schalotten schälen und in feine Würfel schneiden. Die Austernpilze in Streifen zupfen. Die Kräuter fein hacken.

3. Für die Füllung der Nudeln die Schalotten in Olivenöl andünsten, den Knoblauch mit einer Presse zerdrücken und hinzugeben. Den vorbereiteten Spinat beimengen, mit Salz und Pfeffer würzen, und bei mäßiger Hitze im geschlossenen Topf dünsten. Den Spinat auf ein Sieb geben, gut abtropfen und auskühlen lassen. Den Riccotta, sowie die Eigelbe und den geriebenen Parmesan unter den gedünsteten Spinat arbeiten und erneut abschmecken.

4. Den Nudelteig mit einer Nudelmaschine oder einem Nudelholz dünn ausrollen. Die erste Nudelbahn mit einem Pinsel leicht mit Eiklar anfeuchten und im gleichmäßigen Abstand die Füllung in kleinen Häufchen aufsetzen. Mit einer weiteren Nudelteigbahn die Ravioli verschließen, vorsichtig andrücken, die Luftblasen entfernen und mit einem runden, gezackten Ausstecher die Ravioli ausstechen. Auf diese Weise fortfahren bis Teig und Füllung aufgebraucht sind. Die Ravioli in gesalzenem Wasser mit einem Tropfen Olivenöl ca. 2 Minuten kurz unter dem Siedepunkt vorsichtig garen.

5. In einer Pfanne Butter zergehen lassen, die Austernpilzstreifen kurz darin anbraten, mit Salz und Pfeffer würzen. Die gehackten Kräuter über die Pilze geben und mit der geschlagenen Sahne vollenden.

6. Anrichten:
Die gegarten Ravioli aus dem Wasser nehmen und auf einem Tuch trockenlegen. Portionsweise auf vorgewärmten Tellern kreisförmig anrichten. Die gebratenen Austernpilze in die Mitte setzen. Den gehobelten Parmesan über die Ravioli streuen und mit einem Kerbelzweig garnieren.

Zutaten

Nudelteig
225 g Hartweizendunst
25 g Hartweizengrieß
15 g Olivenöl
10 g Salz
2 Eier a 55 g
1 Eigelb
50 mg gemahlenen Safran

Füllung
75 g Riccotta
250 g frischer Spinat
25 g Schalotten
15 g Olivenöl
1/2 Zehe Knoblauch
1 Eigelb
25 g geriebenen Parmesan
Salz und Pfeffer

Garnitur
250 g Austernpilze
15 g Schnittlauch
15 g Petersilie
15 g Kerbel
50 g gehobelten Parmesan
25 g Butter
50 g geschlagene Sahne

Gefüllter Hecht
„Masurische Art“

Restaurant Maräne
Dorfstraße 12
23883 Groß Zecher
Telefon 04545 1371

1. Zuerst den Hecht schuppen und vom Rücken an der Mittelgräte aufschneiden und die Gräte entnehmen. Aus der Gräte einen Fischfond herstellen: Das Suppengrün zerkleinern und zusammen mit der gebräunten Zwiebel und den Gewürzen in einem Topf mit 3/4 l Wasser aufsetzen und köcheln lassen.

2. Das Fischfleisch von der Haut abziehen, am besten mit einem scharfen Messer. Dabei vorsichtig arbeiten und nicht die Hechthaut aufschneiden!
Das abgelöste Hechtfleisch zusammen mit dem Suppengrün durch einen Fleischwolf drehen (oder mit einer Küchenmaschine zerkleinern), etwas Weißbrot in ca. 150 ml Sahne auflösen und hinzugeben. 2 bis 3 Eier dazu, und mit Salz, Pfeffer, Knoblauch, Dill und Petersilie abschmecken und gut verrühren.

3. Die so entstandene Farce (Füllung) in die Hechthaut füllen und zunähen, so dass äußerlich der Hecht wieder hergestellt ist. Den gefüllten Hecht im Backofen auf einem gefetteten Blech bei 180 Grad Celsius etwa 30 Minuten garen.

4. Aus dem Fischfond eine Dillsauce zubereiten: In einem Topf aus Butter und Mehl eine Mehlschwitze herstellen, Eigelb, Sahne und gehackten Dill hinzugeben und mit dem Fischfond auffüllen.

5. Den gegarten Hecht zusammen mit der Sauce, Salzkartoffeln und einem Salat der Saison servieren.

Zutaten

1 frischer Hecht, ca. 2,5 kg (für vier Personen)
1 Bund Suppengrün (Porree, Mohrrübe, Sellerie)
einige Scheiben Weißbrot
150 ml Sahne
200 ml Sahne
2 bis 3 Eier
3 bis 4 Eigelb
Weißwein nach Geschmack
etwas Mehl
1 Zwiebel
Piment
Wacholderbeeren
Dill, Petersilie, Knoblauch
Salz, Pfefferkörner

Knusper-Herzen

mit halbierter Mandel

Gebr. Lembcke GmbH & Co
Meiereistr. 8 – 10
21493 Schwarzenbek
Telefon 04151 833919
Fax 04151 2633
E-Mail: info@lembcke.de
Internet: www.lembcke.de

1. Butter, Honig, Zucker, Eier und Salz in einer Schüssel vorsichtig glatt rühren.
Weizenmehl, Backpulver, Gewürze, Zitronenaroma, Mandelgrieß und Keksbrösel dazugeben und den Teig fertig kneten.

2. Den Teig 2 bis 3 Stunden in den Kühlschrank stellen.

Sowie der Teig fest geworden ist, den Teig ausrollen (ca. 0,5 cm dick).

3. Teig mit einer Herzform ausstechen, mit Ei bestreichen und feinen halbierten Mandeln belegen.
Bei ca. 200 Grad im Ofen mindestens 15 Minuten backen.

Empfehlung

Das Gebäck wird nach dem Erkalten am besten in einer fest verschlossenen Dose aufbewahrt.

Zutaten

2 Eier
270 g Butter
150 g Honig
200 g Zucker
380 g Weizenmehl Typ 405
10 g Backpulver
16 g Zimt
8 g Honigkuchengewürz
10 g Lebkuchengewürz
8 g Zitronenaroma
5 g Salz
350 g Mandelgrieß, geröstet
350 g Keksbrösel

Schneeballtorte

Gut Groß Zecher
„Zur Kutscherscheune"
Hannelore von Witzendorff
Lindenallee 15
23883 Groß Zecher
Telefon 04545 801
Fax 04545 800
Internet: www.kutscherscheune.de

Creme

1. Gelatine einweichen, Mandarinen abtropfen lassen. Dann 1/8 l Mandarinensaft mit Zucker, Vanillezucker und Schmand verrühren, unter die Creme rühren, Mandarinen unterheben.

2. Dann die Fruchtcreme mit Hilfe eines Formrandes auf dem Biskuitboden verteilen und kühl stellen.

Schneebälle

1. Die Sahne steif schlagen, Getränkepulver und Vanillezucker unterrühren. Die Sahne kühlen, mit Eiskugelportionierer Kugeln formen und auf die Schmandcreme setzen.

2. Anschließend Pistazien auf die Schneebälle streuen.

Zutaten

1 Biskuitboden

Creme
750 bis 800 g Schmand
2 Dosen Mandarinen
20 g Zucker
2 Vanillezucker
6 Blatt Gelatine

Schneebälle
500 g Sahne
100 g Getränkepulver „Orange"
3 Vanillezucker
3 Blatt Gelatine
gehackte Pistazie

Familie Pehmöller
Krüzener Weg 1
21481 Schnakenbek
Telefon 04153 2302
Fax 04153 81884
Internet: www.heidelbeerhof.de

Quark-Sahne-Torte mit Blaubeeren

Zutaten

Mürbeteig
200 g Mehl
1 Msp. Backpulver
1 Eigelb
75 g Zucker
1 Päckchen Vanillezucker
125 g Butter

Belag
8 Blatt Gelatine
2 EL Heidelbeersaft
2 Eier
150 g Zucker
1 Päckchen Vanille-Zucker
geriebene Schale einer unbehandelten Zitrone
500 g Magerquark
500 g Blaubeeren (frisch oder auch tiefgefroren)
1 Becher Heidelbeeryoghurt

Mürbeteig

1. Alle Mürbeteig Zutaten miteinander verrühren und den ausgerollten Teig in einer runden Springform bei 180 Grad ca. 15 Minuten backen.

Belag

1. Die Gelatine mit 2 EL Heidelbeersaft einweichen.
Die Eier, den Zucker, den Vanille-Zucker und die Zitronenschale für den Belag miteinander verrühren, schaumig schlagen und dabei den Saft einer Zitrone und schließlich die aufgelöste Gelatine nacheinander hinzufügen.

2. Schließlich 500 g Magerquark und ein Heidelbeeryoghurt unterrühren.
400 bis 500 g Heidelbeeren (frisch oder auch tiefgefroren) unterheben und gegebenenfalls alles zusammen eine Weile in den Kühlschrank stellen. Im Anschluss 250 g Schlagsahne steif schlagen und vorsichtig unter die erstarrende Masse ziehen. Dann einen Ring auf den Mürbeteigboden stellen, die Masse auf den Tortenboden geben und glatt ziehen. Danach die Torte einige Stunden im Kühlschrank erstarren lassen.

Wildsteaks
à la Bergholz

von Bülow'sche Wildspezialitäten
21514 Forstgut Bergholz
Telefon und Fax 04547 1365
E-Mail: achimbuelow@hotmail.com
Internet: www.forstgut-bergholz.de

1. Zwiebeln klein schneiden und in Butter goldgelb braten, anschließend aus der Pfanne herausnehmen.

2. Die mit Salz und Pfeffer gewürzten Steaks auf jeder Seite 1 Minute scharf anbraten, aus der Pfanne nehmen, in eine Auflaufform legen und die angebratenen Zwiebeln darüber geben.

3. In die heiße Pfanne mit dem Fett 1 Becher Schmand und 1 Becher süße Sahne geben, mit etwas Zuckercouleur hellbraun färben.

Sauce mit Salz und grünem Pfeffer abschmecken; anschließend über die Steaks in der Auflaufform gießen.

Alles zusammen ca. 15 Minuten im vorgeheizten Backofen bei 250 Grad erhitzen.

Zutaten

Vier Rückensteaks vom Wild à 200 bis 300 g (Wildschwein, Hirsch oder auch Rehwild)
2 große Zwiebeln
Butter
1 Becher Schmand
1 Becher süße Sahne
Zuckercouleur, Pfeffer, Salz
Eingelegte grüne Pfefferkörner

Pastinaken-Rösti

Domäne Fredeburg GbR
Domänenweg 1
23909 Fredeburg
Telefon 04541 86210
Fax 04541 858123
E-Mail: domaene.fredeburg@t-online.de
Internet: www.domaene-fredeburg.de

1. Die Pastinaken grob raspeln, eine kleine Zwiebel und das Bund Petersilie fein hacken.

2. Das Dinkelmehl, das Ei, die Sahne, das Kräutersalz und den weißen Pfeffer gemeinsam mit den Pastinaken, der Zwiebel und der Petersilie vermengen.

3. Nachdem alles gut vermischt ist, in der Pfanne mit Öl kleine Fladen backen.

Zutaten

2 mittelgroße Pastinaken
1 kleine Zwiebel
1 Bund Petersilie
2 EL Dinkelmehl
1 Ei
1 EL Sahne
0,5 TL Kräutersalz
weißer Pfeffer

Landpartie-Menü „Lauenburg", 2. Gang

Gebratenes Stubenküken

auf Flusskrebsragout mit glacierten Kaiserschoten und Schlosskartoffeln

Restaurant und Hotel
„Zum Weißen Ross"
Sönke Schlie
Hauptstraße 131
23879 Mölln
Telefon 04542 2772
Fax 04542 822774
E-Mail: schliemail@aol.com
Internet: www.weissesross.com

1. Die frischen Flusskrebse in gesalzenem Wasser mit etwas Kümmel ca. 10 Minuten abkochen. Mit einer Schaumkelle aus dem Fond nehmen und auskühlen lassen.
Das Schwanzfleisch der Krebse ausbrechen und beiseite stellen.

2. Das Butterfett in einem Topf zergehen lassen und die Krebsnasen und -schalen darin anrösten. Das in kleine Würfel geschnittene Röstgemüse hinzugeben und kurz mitrösten. Gewürze wie Pfeffer, Lorbeer, Wacholder, Nelke und wenig Kümmel hinzugeben.

3. Tomatenmark beifügen, anschwitzen und mit Cognac ablöschen. Den Saucenansatz mit Weizenmehl abstäuben und mit dem Geflügelfond auffüllen. Den Krebssaucenansatz ca. 1 Stunde auf kleiner Flamme ziehen lassen.

4. Die Kartoffeln waschen, schälen, waschen und mit einem Schälmesser bananenförmig tournieren.
In leicht gesalzenem Wasser halb gar kochen, auf ein Sieb gießen und ausdampfen lassen.

5. Brüste und Keulen der Stubenküken vom Knochen auslösen. Die Kaiserschoten waschen und durch Putzen von Sielen und Fäden befreien.

6. Den Krebssaucenansatz durch ein feines Haarsieb passieren und erneut abschmecken.
Brüste und Keulen mit Salz und Pfeffer aus der Mühle würzen und beidseitig in einer Pfanne goldgelb anbraten. Anschließend auf ein Ofenblech setzen.

7. Butter in einem Dünsttopf zergehen lassen, die Kaiserschoten hinzugeben, mit Salz, Pfeffer, sowie mit einer Priese Zucker würzen und durch Zugabe von wenig Gemüsebrühe im geschlossenen Topf dünsten.

8. Die vorgekochten Schlosskartoffeln in einer Lyoner-Pfanne in wenig Bratfett goldgelb braten. Die Brüste und Keulen der Stubenküken im Backofen bei 180 Grad ca. 8 Minuten zu Ende garen.

9. Die gekochten Flusskrebsschwänze in die Krebssauce geben und mit der geschlagenen Sahne vollenden.

Wichtig: Nicht mehr kochen! Beim Anrichten das Flusskrebsragout auf vorgewärmte Teller verteilen. Pro Portion eine Brust und eine Keule auf das Flusskrebsragout setzen. Die gedünsteten Kaiserschoten, sowie die Schlosskartoffel fächerförmig um das Stubenküken arrangieren. Mit einem Dillzweig garnieren.

Zutaten

2 frische Stubenküken à 500 bis 600 g
12 frische Flusskrebse à 60 g
75 g Röstgemüse (Zwiebeln, Karotten, Sellerie)
0,25 l Geflügelfond
5 g Tomatenmark
25 g Butterfett
15 g Weizenmehl
Gewürze wie weiße Pfefferkörner, Lorbeer, Kümmel, Nelke, Wacholderbeere
3 cl Cognac
50 g geschlagene Sahne
350 g Kaiserschoten
15 g Butter
0,4 kg festkochende Kartoffeln
40 g Bratfett
Salz und Pfeffer
4 Dillzweige für die Garnitur

Landpartie-Menü „Lauenburg“, 3. Gang

Bananen-Schokoladen Soufflee

mit Vanilleschaumsauce

Restaurant und Hotel
„Zum Weißen Ross“
Sönke Schlie
Hauptstraße 131
23879 Mölln
Telefon 04542 2772
Fax 04542 822774
E-Mail: schliemail@aol.com
Internet: www.weissesross.com

1. Souffleeformen oder Kaffeetassen mit flüssiger Butter ausstreichen und mit Zucker ausstreuen. Butter und Mehl miteinander verkneten.
Die Bananen in Scheiben schneiden.

2. Milch mit 30 g Zucker und einer Priese Salz aufkochen.
Das Kakaopulver mit einigen Esslöffeln der Milch zu einer Paste anrühren. Diese Paste zusammen mit der Bitterschokolade in die leicht kochende Milch einrühren. Die Butter-Mehl-Mischung der kochenden Milch in kleinen Portionen nach und nach beigeben und wie Brandmasse abrösten. Die Masse in eine Schüssel umfüllen und etwas abkühlen lassen. Dann die Eigelbe nach und nach unterrühren. Das Eiweiß und den restlichen Zucker zu Schnee schlagen – er darf allerdings weder schmierig noch flockig werden. Anschließend vorsichtig unter die Grundmasse ziehen.

3. Diese Souffleemasse mit einem Dressierbeutel zur Hälfte in vorbereiteten Souffleeformen füllen, je 4 bis 5 Bananenscheiben in die Masse einsetzen und mit der restlichen Soufflemasse bis kurz unter den Rand auffüllen.
Zum Garen die Formen in ein Wasserbad setzen. Im Ofen bei ca. 180 Grad für 30 Minuten mit geschlossenem Zug backen.

4. In der Zwischenzeit wird die Vanilleschaumsauce zubereitet: Das Wasser mit dem Zucker und der halbierten, ausgekratzten Vanilleschote zu Läuterzucker kochen und einige Minuten ziehen lassen. Die Eigelbe in eine Schüssel geben, den Vanilleläuterzucker auf die Eier passieren und das Ganze auf einem Wasserbad zu einer Schaumsauce aufschlagen. Die Schaumsauce mit dem Vanillelikör vollenden.

5. Zum Anrichten das Soufflee in den heißen Formen auf einen Unterteller mit Manschette setzen, mit Puderzucker abstauben und sofort servieren.
Die Vanilleschaumsauce separat reichen.
Als weitere Garnitur eignen sich frische Früchte, mit denen das Soufflee umlegt wird.

Zutaten

Souffleemasse
0,25 l Milch
1 Prise Salz
45 g Butter
45 g Mehl
40 g Bitterschokolade
40 g Kakaopulver
70 g Zucker
5 Eigelb
5 Eiweiß
1 Banane

Sauce
3 Eigelb
1 Vanilleschote
40 g Zucker
50 g Wasser
2 cl Galleano (Italienischer Vanillelikör)

Puderzucker zum Abstäuben

Der Geschmack des Meeres

Boltenhagen, Heiligendamm, Ahrenshoop, Binz oder Ahlbeck – schon die Namen klingen nach Urlaub, Strand und Meer. Dieser Geschmack nach Meer durchzieht auch die regionale Küche in vielfältiger Form. Ob in der Bauernhofschänke oder im 5-Sterne-Hotel, ob in Mecklenburg oder in Vorpommern: Die Ostseeküste begeistert Touristen wie Köche gleichermaßen.

Im Klützer Winkel beispielsweise, im noblen Schlosshotel „Groß Schwansee" kombiniert Thorsten Scheffauer heimischen Fisch mit mediterranen oder auch asiatischen Zutaten. Ganz anders in Wismar: In der stolzen Hansestadt spürt Dr. Pede mit seiner Küchencrew den Rezepten der Hansezeit nach. Wer weiß denn schon heute noch, wie und vor allem was unsere Ahnen speisten? Keine Frage, auch ohne die heute so „typisch mecklenburgischen" Kartoffeln oder die ebenso einstmals aus Amerika importierten Tomaten lassen sich rustikale, aber durchaus schmackhafte Speisen herstellen.

Ähnlich experimentierfreudig ist Ralf Schröder, der im Wismarschen Hotel Reingard in der Küche steht. In seinem Restaurant „Schröders Gourmet" verarbeitet der international erfahrene Koch mit Vorliebe heimische Produkte, die vom Öko-Anbauverband Biopark zertifiziert sind. Dabei bringt er beispielsweise Land und Meer zusammen, in dem er Hirsch und Dorsch in einem Rezept vereint. Was so ungewöhnlich klingt, schmeckt dann auch ungewöhnlich gut.

Experimentierfreude und hervorragende natürliche Bedingungen – das waren auch auf der Insel Poel die Voraussetzungen, als dort vor über 100 Jahren Hans Lembke die moderne Rapszucht erfunden hat. Ihm ist es zu verdanken, dass heutzutage im Frühjahr Europas Felder großflächig goldgelb blühend leuchten. Als Treibstoff für Autos sei das gehaltvolle Rapsöl viel zu schade, meint heute auf Poel Lembkes Urenkel Dietmar Brauer und hat jüngst Rapssorten gezüchtet, deren Öl dem hochgerühmten Olivenöl qualitativ sogar noch überlegen sein soll. Seine Frau Sabine Brauer benutzt Rapsöl nicht nur für den Salat, sondern hat damit auch ein Kuchenrezept entwickelt. Auf Deutschlands größter Insel, auf

Rügen, setzt Familie Kliewe einerseits auf die traditionelle Geflügelzucht und hat andererseits ihren Geflügel- und Ferienhof in den vergangenen 15 Jahren behutsam neu gestaltet: Es ist der erste Bauernhof auf Rügen, dessen Ferienwohnungen mit fünf Sternen ausgezeichnet sind. Und im Hofrestaurant gibt es, mit Blick auf den Bodden, nicht nur frisch zubereitete Geflügelrezepte. Es ist schon ein wunderschönes Bild, wenn die frei gehaltenen Pommerngänse alter Zucht auf der grünen Wiese direkt vor dem blauen Wasser artgerecht und natürlich laufen. Besser und gesünder lässt sich Hausgeflügel nicht halten. Und die legendäre „Pommersche Gänsespickbrust" ist zu Weihnachten Feinschmeckern mittlerweile bundesweit bekannt.

Peter Knobloch, einer der renommiertesten Köche des Landes, verfeinert seine Kochkunst gerne mit auch mal mit „Unkraut". Denn bei genauerem Hinsehen entpuppen sich Rügens unscheinbare Wildkräuter als geschmackliche Überraschungen. Raffiniert würzt er damit ganz traditionelle Gerichte wie die fangfrische Ostseeflunder. So kommt der Geschmack der Region auf den Teller. Klar, dass die Köche der Nachbarinsel Usedom da nicht zurückstehen – souverän spielen sie mit den heimischen Produkten und überraschen damit auch verwöhnte Gäste; die Erwartungen an ein Fünf-Sterne-Hotel wie dem „Ahlbecker Hof" sind natürlich dementsprechend groß.

Mecklenburg-Vorpommern

Küste

Ostseedorsch auf Rapsöl- Kräutersud
und Mango-Kartoffelchutney

Hotel Restaurant Schlossgut
Groß Schwansee
Thorsten Scheffauer
Am Park 1
23942 Groß Schwansee
Telefon 038827 88480
E-Mail: kay.plesse@schwansee.de
Internet: www.schwansee.de

1. Den Dorsch filetieren und in 120 g große Stücke schneiden, auf der Fleischseite mit Salz und Pfeffer würzen.

2. Die Kräuter (Rosmarin, Thymian, Kerbel, Blattpetersilie) grob zupfen und zusammen mit dem Knoblauch und dem Fischfilet in einen Vakuumbeutel legen. Diesen mit 250 ml Rapsöl angießen, Beutel fest mit einer Schnur oder Klammer verschließen, in 90 Grad heißes Wasser legen und ca. 8 Minuten garen.

3. Kartoffeln schälen und in 1 cm große Würfel schneiden; Mango schälen, entkernen und in 1 cm große Würfel schneiden.

4. Die Kartoffeln im heißen Öl farblos anbraten und mit Orangensaft aufgießen, Sternanis und Zimt hinzugeben und auf die Hälfte einreduzieren. Die Kartoffeln köcheln lassen – sie sollten nach ca. 10 Minuten bissfest sein.

5. Mangowürfel hinzugeben, kurz angaren und mit Salz, Pfeffer und Chili abschmecken.

Zutaten

600 g Dorsch
150 ml Rapsöl
2 Zweige Rosmarin
2 Zweige Thymian
1 Bund Kerbel
1 Bund Blattpetersilie
1 Zehe Knoblauch
1 Zitrone (nur die Schale)
1 Mango
3 Kartoffeln
500 ml Orangensaft
1 Zimtstange
1 Sternanis
Salz, Pfeffer und Chilipulver
4 Gefrier- oder Vakuumbeutel

Bonenbraden
(Mörderbraten)

Stôfhûs No. 1
Dr. Klaus-Jürgen Pede
Dankwartstraße 32
123966 Wismar
Telefon 03841 388296
Fax 03841 211788
E-Mail: info@stofhus.de
Internet: www.stofhus.de

1. Das Gehackte vom Schwein gut mit Salz, Pfeffer, ein wenig Ingwer, dem Eigelb und der Kräutermischung durchmischen und anschließend um einen Holzspieß kneten.

2. Die Holzspieße über Wasserdampf dünsten. Wenn das Fleisch beginnt gar zu werden, die Spieße auf einen Grill legen und braten – bis das Fleisch beginnt, braun zu werden.

3. Anschließend Butter darüber streichen und den noch heißen Spieß in einen Teig aus Mehl, Milch, Gewürzen und Eiweiß legen, bis sich einer dünner Teigmantel bildet.

4. Der Spieß wird dann auf dem Grill weiter gebacken, bis sich der Teigmantel bräunt.

Zutaten
150 g mageres Fleisch (Huhn oder Schwein)
1 Eigelb
10 g 8-Kräutermischung
Butter
Gewürze nach Geschmack
Ingwer
Mehl
Salz, Pfeffer

Hecht nach normannischer Art

auf Gemüsebett

Stôfhûs No. 1
Dr. Klaus-Jürgen Pede
Dankwartstraße 32
123966 Wismar
Telefon 03841 388296
Fax 03841 211788
E-Mail: info@stofhus.de
Internet: www.stofhus.de

Hecht

1. Etwa die Hälfte des Cidres wird in einer Pfanne zum Kochen gebracht. Die Gewürze werden nach Geschmack hinzugegeben. Anschließend werden die Filetstücke in den kochenden Cidre gelegt und auf mittlerer Stufe gekocht. Der Fisch wird mehrmals gewendet, bis er gar ist (ca. 10 bis 15 Minuten). Bei Bedarf wird Cidre nachgegossen.

Gemüsebett

1. Das Gemüse wird geputzt, gewaschen und in Würfel oder andere Formen geschnitten. Im Anschluss wird die Brühe oder das Wasser mit den Gewürzen zum Kochen gebracht. Nun das Gemüse hinzugeben und auf mittlerer Stufe köcheln.

2. Das bissfest gegarte Gemüse wird als Gemüsebett mit dem Filet auf einem Teller angerichtet und mit einer Beilage (zum Beispiel Kartoffeln oder Klöße) serviert.

Zutaten

(für 4 Portionen)

Hecht
4 Seehechtfilets à 100 bis 120 g
2 Flaschen Cidre
Ingwer, Oregano
Salz, Pfeffer

Gemüsebett
2 Stangen Staudensellerie
2 große Gemüsezwiebeln
1 Stange Lauch
4 Möhren
1 l Brühe (Fleisch oder Gemüse, wenn nicht vorhanden Wasser)
2 Msp. Anis (bei Verwendung von Wasser zusätzlich Oregano und Ingwer)
Salz

Poeler Ölkuchen

Norddeutsche Pflanzenzucht
Hans-Georg Lembke KG
Telefon 038425 250
Fax 038425 25111
E-Mail: S.Brauer@npz.de
Internet: www.npz.de

1. Die Eier mit 2 Tassen Zucker und 2 Päckchen Vanillezucker in einer Teigschüssel mit dem Küchenmixer cremig schlagen.

2. Eine Tasse Mehl mit einem Päckchen Backpulver vermischen und in die Teigschüssel geben. Dann kommen 2 Tassen Mehl, 1 Tasse Mineralwasser und 1 Tasse Rapsöl dazu. Den Teig gut verrühren.

3. Den Teig auf ein gefettetes Blech oder in eine gefettete Springform geben, bei 175 Grad ca. 20 bis 25 Minuten backen, den warmen Kuchen mit Zitronen- oder Schokoladenguss bestreichen.

Zutaten

4 Eier
2 Tassen Zucker
2 Päckchen Vanillezucker
2 Tassen Mehl
1 Tasse Mineralwasser (mit Kohlensäure)
1 Tasse feines Rapsöl
1 Tasse Mehl
1 Päckchen Backpulver
Schokoladen- oder Zitronenguss

Hirschrücken „Land und Meer“

gefüllt mit gebeiztem Dorsch im Netz

Hotel Reingard
Gourmet Koch Ralf Schröder
Weberstrasse 10
23966 Wismar
Telefon: 03841 284972
Internet: www.hotel-reingard.de

Zutaten

400 g Hirschrücken
100 g gebeiztes Dorschfilet
evtl. Schweinsnetz vom Metzger
Salz und weißen Pfeffer aus der Mühle
1 EL Zwiebeln, gewürfelt
1 EL Lauch, gewürfelt
1 Apfel (100 g), ungeschält und gewürfelt
1 Knoblauchzehe, ungeschält
300 ml Apfelsaft
300 ml Geflügelbrühe
3 schwarze Pfefferkörner
1 Lorbeerblatt
2 Nelken
1/4 Zimtstange
1 Prise gemahlener Ingwer
kalte Butterwürfel für die Sauce

1. Mit einem scharfen Messer eine Tasche in den Hirschrücken schneiden (bis auf ca. 1 cm fast durchschneiden, die Enden jedoch nicht durchtrennen).

2. Den Hirschrücken mit dem gebeizten Dorsch füllen. Fleisch mit wenig Salz und Pfeffer würzen. Mit dem Netz umwickeln, in Olivenöl rundum anbraten, Fleisch herausnehmen, Hitze herunterschalten, Zwiebeln, Lauch, Apfelstücke und Knoblauch darin hell dünsten.

3. Mit dem Apfelsaft und dem Geflügelfond ablöschen, die Gewürze beigeben und alles zu 1/3 einreduzieren. Den Hirschrücken bei 200 Grad im vorgeheizten Ofen etwa 15 Minuten garen.

Gefüllter Perlhuhnrollbraten

Bauernhof Kliewe
Holger & Susanne Kliewe
Mursewiek 1
18569 Ummanz/Insel Rügen
Telefon: 038305 8130
Fax: 038305 55569
E-Mail: Bauernhof-Kliewe@t-online.de
Internet: www.Bauernhof-Kliewe.de

1. Perlhuhn entbeinen, d.h. von sämtlichen Knochen befreien, dabei vorsichtig sein, um die Haut nicht zu verletzen.

2. Wenn das Perlhuhn komplett ausgelöst ist, das Fleisch mit einer Mischung aus Beifuß, Majoran, Rosmarin, Pfeffer, gemahlenem Kümmel und Ingwer würzen und glatt ausbreiten. Mit Apfel, Brot und Backpflaumen füllen und anschließend wie einen Rollbraten wickeln.

3. Im Bräter ca. 1 Stunde braten (je nach Gewicht), dabei hin und wieder wenden und mit dem Bratensud beträufeln.

4. Aus dem Sud unter Zusatz von Brühe eine Soße bereiten. Soße durchseihen und binden. Den Braten in Scheiben schneiden.

5. Mit der Soße, Apfelrotkohl und Kartoffelklößen servieren.

Zutaten

2 Perlhühner (ca. 1 bis 1,5kg Schlachtgewicht)
2 Äpfel
Schwarzbrot
Backpflaumen
Salz
Beifuß, Majoran, Rosmarin, Pfeffer, gemahlenem Kümmel, Ingwer

Roulade
vom Flunderfilet und Meerforelle
mit Karottenmantel im Wiesenkräuternest

Hotel & Restaurant Meeresblick
Peter Knobloch
Friedrichstr. 2
18586 Göhren/Rügen,
Telefon: 03808 5650
Fax: 038308 565200
E-Mail: Hotel.Meeresblick@avr.de
Internet: www.avr.de

1. Beide Karotten putzen und schälen. Mit dem Sparschäler längs in dünne Scheiben teilen und sie dann im Salzwasser blanchieren, also kurz im kochenden Wasser sieden lasen und anschließend in Eiswasser abschrecken. Auf ein Küchentuch geben, abrupfen und umgedreht in Klarsichtfolie legen.

2. Die entstandene Karottenmatte mit Fischfarce dünn bestreichen, die gewürzten Fischfilets darauf platzieren und die Filets mit der restlichen Farce umhüllen.

3. Alles zu einer Rolle formen, in der Klarsichtfolie fest einschlagen und mit Alufolie stabil umhüllen. Diese Roulade bei 85 Grad ca. 30 Minuten im Wasserbad gar ziehen. Danach sofort ins Eiswasser geben.

4. Tomatendressing: Reife Tomaten mit etwas Balsamessig sowie Salz, Zucker und Pfeffer im Becher mit dem Mixer pürieren. Dabei nach und nach etwas kalt gepresstes Öl bis zur leichten Bindung unterstreichen. Wenn das Dressing besonders fein werden soll, durch ein Sieb streichen.

5. Anrichten: Auf einem großen Teller werden alle Kräuter und Blüten als Kranz angerichtet. Zum Schluss werden die Scheiben von der Fischroulade in der Mitte platziert.

Zutaten

300 g Flunderfilet
200 g Filet von Meerforelle oder Lachs
300 g Fischfarce
2 große Kartoffeln
2 große Karotten
400 g frische Wiesenkräuter (je nach Jahreszeit)
Blütenmischung (je nach Jahreszeit)
2 bis 4 Tomaten
Balsamessig
kalt gepresstes Öl (Raps oder Olive)
Salz, Zucker, Pfeffer

Landpartie-Menü „Küste Mecklenburg-Vorpommern", 1. Gang

Rehsülze
auf Backpflaumencreme und Tüftensalat

1. Parierte Rehkeule in Butterfett mit zerstoßenem Wacholder und Piment goldbraun anbraten; mit Pfeffer, Salz würzen und ca. 8 Minuten bei 160 Grad im Ofen garen. Anschließend herausnehmen und auskühlen lassen.

2. Karotten und Wirsing in feine Würfel schneiden und in Salzwasser blanchieren. Die Flüssigkeiten (Fond, Wein) aufkochen und mit Salz abschmecken. Die Gelatine darin auflösen.

3. Die kalte Rehkeule in dünne Scheiben schneiden und schichtweise mit den Gemüsewürfeln in eine Kaffeetasse einsetzen. Diese Tasse mit dem Wildfond auffüllen und erkalten lassen.

4. Backpflaumen mit Madeira erwärmen und pürieren. Die Crème fraîche unterziehen und abschmecken. Sollte die Creme etwas zu fest sein, mit Sahne geschmeidig rühren.

5. Für den Tüftensalat die Kartoffeln kochen und pellen. Die Brühe mit Schalottenwürfel und Speckschwarte kochen und auf 2/3 der Menge einkochen. Die Kartoffeln in dünne Scheiben schneiden, die Brühe mit Sirup, Salz und Pfeffer würzen und über die Kartoffeln gießen. Den Salat ca. 2 Stunden ziehen lassen. Dann auf einem Teller einen Saucenspiegel gießen, die Sülze aus der Tasse stürzen, an die Sauce legen und den Kartoffelsalat anrichten. Die Vorspeise mit Kerbel garnieren.

Ahlbecker Hof
Hark Pezely
Dünenstaße 47
17419 Seebad Ahlbeck
Telefon 038378 620
Fax 038378 62100
E-Mail: ahlbecker-hof@seetel.de
Internet: www.seetel.de

Zutaten

Rehsülze
600 g Rehkeule (Oberschale)
150 g Pfifferlinge oder Steinpilze
100 g Karotten
100 g Wirsing
0,5 l Wildfond (z.B. Lacroix)
0,1 l roter Portwein
2 cl Sherry
3 cl Madeira
6 Blatt Gelatine
Salz, Pfeffer, Wacholder, Piment
Butterfett

Creme
100 g Backpflaumen
0,1 l Madeira
0,1 l Crème fraîche
Salz, Zucker

Tüftensalat
300 g Kartoffeln (festkochend)
0,3 l Brühe
0,4 cl Sherryessig
4 EL Zuckersirup
50 g Schalotten
1 Speckschwarte
Salz, Pfeffer

Landpartie-Menü „Küste Mecklenburg-Vorpommern“, 2. Gang

Ahlbecker Hof
Hark Pezely
Dünenstaße 47
17419 Seebad Ahlbeck
Telefon 038378 620
Fax 038378 62100
E-Mail: ahlbecker-hof@seetel.de
Internet: www.seetel.de

Peene-Zander

auf Rote Beete Sauce und Rauchaalbrandade

1. Sauce: Schalotten in Butter anschwitzen, mit Weißwein, Noilly Prat und Pernod ablöschen, mit Fischfond auffüllen und reduzieren lassen. Sahne aufgießen und Rote Beete Saft dazugeben. Nach dem Aufkochen mit Butter mixen, abschmecken und servieren.

2. Brandade: Geschälte Kartoffeln weich kochen und ausdämpfen. Die Gemüsezwiebel im Fischfond weich kochen und pürieren. Die Kartoffeln im Fischfond zerstampfen, Butter nach Geschmack unterheben und würzen. Zum Schluss fein geschnittene Rauchaalwürfel unterheben. Die Brandade als Nocke (mit großem Löffel Klößchen formen) anrichten.

3. Das Zanderfilet auf der Haut gebraten (mit Salz und Pfeffer gewürzt und in Butterfett kurz in der Pfanne gebraten) anrichten und den Teller mit Rote Beete Schaum verzieren.

Zutaten

600 g Zanderfilet
Salz, Pfeffer
40g Buttaris (Butterfett)

Sauce

0,2 l Rote Beete Saft
0,5 l Fischfond
0,2 l Sahne
0,1 l Weißwein
2 cl Noilly Prat (Martini dry)
2 cl Pernod
40 g Schalottenwürfel
80 g Butter

Brandade (Püree)

400 g Kartoffeln, mehlig kochend
100 g Rauchaal
100 g Gemüsezwiebel
80 bis 120 g Butter
0,2 l Fischfond
Salz, Muskat, Pfeffer

Landpartie-Menü „Küste Mecklenburg-Vorpommern", 3. Gang

Ahlbecker Hof
Hark Pezely
Dünenstraße 47
17419 Seebad Ahlbeck
Telefon 038378 620
Fax 038378 62100
E-Mail: ahlbecker-hof@seetel.de
Internet: www.seetel.de

Quittenpudding in Apfelsuppe

Quittenpudding

1. Die Eigelbe mit 35 g Zucker und Zitronenabrieb sehr gut schaumig schlagen.

2. Eiweiß steif schlagen, 35 g Zucker einrieseln lassen und zu einer schnittfesten Konsistenz schlagen.

3. Quittenpüree und Biskuitbrösel vermischen und unter die Eigelbmasse heben, danach vorsichtig mit dem geschlagenen Eiweiß vermischen.

4. Die Masse in ausgebutterte und gezuckerte Kaffeetassen verteilen und bei 180 Grad rund 35 Minuten im Wasserbad bei Ober- und Unterhitze backen.
Die Suppe in tiefen Tellern anrichten und den warmen Quittenpudding stürzen.
Mit Puderzucker bestäuben und in der Suppe servieren.

Apfelsuppe

1. Die Äpfel schälen und in kleine Würfel schneiden.

Den Apfelsaft mit Vanille und Zimt aufkochen, den Zucker und den Calvados dazugeben und die Gelatine einrühren.

2. Die Apfelstücke der Suppe zufügen und unter wiederholtem Rühren die Suppe auskühlen lassen.

Zutaten

Quittenpudding
3 Eigelb
3 Eiweiß
70 g Zucker
Abrieb 1/4 Zitrone
90 g Biskuitbrösel
90 g passiertes Quittenpüree

Apfelsuppe
300 g Äpfel (Boskop)
0,5 l Apfelsaft
1 Zimtstange
1 Vanillestange
100 g Zucker
4 Blattgelatine
2 cl Calvados

Die Vielfältigkeit einer regionalen Küche

Von der „Mecklenburgischen Seenplatte" bis hinauf zur „Mecklenburgischen Schweiz" – wenn man die traditionellen Landschaftsbezeichnungen hört, müssen die Höhenunterschiede in Mecklenburg-Vorpommern gewaltig sein. Auch wenn die „echte" Schweiz vielleicht etwas höher liegen sollte: Die mecklenburg-vorpommerischen Landschaften sind erstaunlich vielfältig und abwechselungsreich – und die regionale Küche ist es auch!

Wer weiß denn heute noch, dass vor Jahrhunderten in Mecklenburg-Vorpommern sogar Wein angebaut wurde? Seit einigen Jahren beleben einige Wein-Enthusiasten wieder diese alte Tradition im Raum Mecklenburg-Strelitz, die auch ganz offiziell Deutschlands nördlichste Weinanbauregion ist. Ein „Winzer-Braten" darf also nicht fehlen.

In vielen der Guts- und Herrenhäusern wurde bereits früher gut gegessen und gekocht, aber auch die Rezepte der „einfachen Küche" haben überdauert. Allerdings: Einige der Zutaten sind heute etwas teuerer.

Wohl aus der schwedischen Küche – Teile Mecklenburg-Vorpommerns gehörten zeitweise zu Schweden – stammt ein traditionelles Flusskrebsrezept, nach dem Helmuth von Maltzahn auf Schloss Ulrichshusen wieder diese Delikatesse zubereiten lässt. Die Zubereitung dieses einstigen Arme-Leute-Essens ist denkbar einfach, der Geschmack fantastisch.

Gleich in der Nachbarschaft, am Rande der „Mecklenburgischen Schweiz", ist Heinrich von Bassewitz mit einer aus Amerika eingeführten Methode auf den Ländereien seiner Urahnen erfolgreich: Auf dem weiten Grünland hält er Fleischrinder im großen Stil nach den Richtlinien des Öko-Anbauverbandes Biopark. Am besten schmecke das Fleisch der Ochsen, danach kämen Färsen (weibliche Jungrinder), dann Kühe und ganz am Ende der Geschmacksskala rangiere erst das Bullenfleisch, stellt der Rinderexperte fest. Eine Einschätzung, die man in dem renommierten Forschungsinstitut für landwirtschaftliche Nutztiere in Rostock-Dummerstorf

teilt: Nicht nur hinsichtlich der Zusammensetzung der Fettsäuren sei das Rindfleisch aus Weidehaltung das gesündeste überhaupt, erfuhr Heike Götz bei Landpartie Dreharbeiten. In Sachen „Bio“ ist Mecklenburg-Vorpommern ohnehin führend – nirgendwo sonst in Deutschland wird ein so großer Teil der landwirtschaftlichen Fläche ökologisch bewirtschaftet. Sogar Puten aus ökologischer Aufzucht werden hier im großen Stil gehalten und vermarktet.

Ähnlich hochwertig ist natürlich Wildfleisch, wie es über den örtlichen Fachhandel oder über die Jäger selbst vermarktet wird. Auf dem bei Schwerin gelegenen Gut Grambow wird Wildfleisch nicht nur verkauft, hier kann man sich in Kompaktkursen sogar selbst auf den Jagdschein vorbereiten lassen.

Ganz in der Nähe von Gut Grambow züchtet Familie Jantzen in Rosenow auf naturnahe Art und Weise besondere Geflügelarten wie Wachteln, Fasane oder Perlhühner. Klar, dass davon die Restaurants der Region, wie beispielsweise das „Landhotel de Weimar“ in Ludwigslust, profitieren. Nicht nur hier kann man speisen wie die einstigen Fürsten. Und das zu vergleichsweise günstigen Preisen!

Natürlich lohnt es sich auf jeden Fall, beim Fischer oder in den entsprechenden Restaurants auch die unbekannteren Süßwasserfische zu probieren. Die Rezepte gibt es meistens gratis dazu. Ob Schleie oder Karauschen – Mecklenburg-Vorpommerns Seen bieten ungewöhnliche Geschmackserlebnisse!

Mecklenburg-Vorpommern

Binnenland

Putenröllchen mit Bärlauchfrischkäse

auf feinem Gemüse und Kartoffeln

Mecklenburger Landpute GmbH
Kastanienallee 3
19374 Severin
Telefon 038728 3060
Fax: 038728 30622
E-Mail: info@landpute.de
Internet: www.landpute.de

1. Möhren, Porree, Sellerie und Kohlrabi putzen und in Streifen schneiden. Bärlauch waschen und in feine Streifen schneiden, zum Frischkäse geben und miteinander verrühren. Mit Salz und Pfeffer aus der Mühle abschmecken.

2. Die Putenscheiben würzen, mit der Frischkäse-Bärlauchmasse besteichen und einrollen. Die Rollen dann mit einem Holzspießchen verschließen oder in Alufolie einwickeln.

3. Nebenbei das Gemüsewasser zum Kochen bringen. Die Putenröllchen ins heiße Rapsöl und gleichzeitig das Gemüse ins kochende Wasser geben. Die Putenröllchen anbraten und anschließend etwa 8 bis 10 Minuten im Backofen garen.

Zutaten
(für 4 Personen)

800 g Putenbrust in Scheiben
200 g Frischkäse
1 Bund Bärlauch (oder aus dem Tiefkühlfach)
200 g Möhren
160 g Porree
80 g Sellerie
200 g Kohlrabi
Pfeffer, Salz, Rapsöl
gut 1 kg Kartoffeln

Krebsgenuss „Ulrichshusen“

Hotel Schloss Ulrichshusen
Familie von Maltzahn
17194 Ulrichshusen
Telefon 039953 7900
Fax 039953 79099
E-Mail: info@gut-ulrichshusen.de
Internet: www.gut-ulrichshusen.de

1. Einen großen Topf (passend für 3 kg Flusskrebse) mit Wasser füllen und 8 EL Kümmel und 3 EL Salz dazu geben.

2. Wenn das Wasser kocht, die frischen Flusskrebse (pro Person rechnet man 750 g Krebse) in den Topf geben und die Krebse etwa 8 Minuten kochen – bis sie rot sind und oben schwimmen.

3. Die Zutaten für die Sauce werden miteinander gut verrührt. Zum Schluss den zerkleinerte Dill und den Knoblauch hinzugeben.

4. Zusammen mit der Krebssauce servieren Sie die heißen Flusskrebse am besten mit frischem Weißbrot, Baguette oder auch Schwarzbrot.
Die Scheren und Krebsschwänze werden mit der Hand bei Tisch selbst ausgelöst.

Zutaten

Krebs
3 kg frische Flusskrebse
8 EL Kümmel
3 EL Salz

Sauce
250 g Majonäse
250 g Schmand
150 g Senf
300 g Ketchup
2 Bund Dill
4 bis 5 Knoblauchzehen
2 bis 4 EL Cognac bzw. Weinbrand
Pfeffer, Salz, Zitronensaft

Winzer-Braten

Thomas Pfefferkorn auf Parkhotel
Schloss Rattey
17349 Rattey
Telefon 03968 255010
Internet: www.schlossrattey.de

1. Zwiebeln schälen, in kleine Würfel schneiden, Petersilie waschen und klein schneiden. Beides mischen.

2. Rouladenfleisch waschen, trocken tupfen, mit Senf bestreichen. Schinken und Zwiebel-Petersilien-Mischung darauf verteilen. Weintrauben waschen, halbieren, eventuell entkernen und 2/3 auf die Füllung geben.

3. Fleischscheiben aufrollen, mit Küchengarn umwickeln oder mit Rouladennadeln zusammenstecken.

4. Weißwein und 1/8 l Wasser zum Kochen bringen.

5. Winzer-Braten zugeben, aufkochen und zugedeckt bei geringer Hitze ca. 1,5 Stunden schmoren lassen. Gelegentlich umrühren und Braten einmal wenden.

6. Im Anschluss Braten herausnehmen, 10 Minuten ruhen lassen und in Scheiben schneiden. Butter in einem Topf heiß werden lassen und restliche Weintrauben darin dünsten. Anschließend in die Sauce geben und mit dem Braten auf Tellern anrichten.

7. Für die Sauce werden Zwiebeln, Weintrauben und Petersilie geschmort, Tomaten und Senf dazugegeben und anschließend mit Weißwein abgelöscht. Das ganze mit Brühe auffüllen. Nach dem Schmoren Saucenfond durch ein Sieb geben und abbinden.

Zutaten

2 Zwiebeln
1 Bund Petersilie,
4 x 150 g Rouladenfleisch
2 EL französischen Senf
3 Scheiben gekochten Schinken
150 g Weintrauben
1/4 l Weißwein
Tomatenmark
1 EL Butter

Pannfisch
nach Art des Hoflieferanten

Hotel „Niederländischer Hof"
Karl-Marx-Straße 12–13
19055 Schwerin
Telefon 0385 591100
Fax 0385 591999
E-Mail: hotel@niederlaendischer-hof.de
Internet: www.niederlaendischer-hof.de

Müritzfisch

1. Fischfilets im Mehrkorn wenden und kurz von beiden Seiten anbraten. Garzeit je nach Fischfiletstärke.

Kalbsbäckchentaler

1. 4 Metallringe à 5 cm Durchmesser mit dem Schweinenetz auslegen, blanchierten Blattspinat darauf legen und etwas Farce aufstreichen.

2. Die Kalbsbäckchen auf die 4 Ringe verteilen, mit Farce abschließen und mit dem Blattspinat abdecken. Die Taler kurz anbraten, damit das Schweinenetz schmilzt.

3. Die Taler etwa 20 Minuten bei 150 Grad in den Ofen geben. Den Schmorfond von den Kalbsbacken als Sauce zum Anrichten verwenden.

Zitronen-Kapernsauce

1. Noilly Prat auf die Hälfte reduzieren, den Fischfond dazu geben und erneut reduzieren. Die Reduktion mit Sahne auffüllen und mit eiskalter Butter aufschlagen. Sauce mit Zitronensaft, Kapern und weißem Pfeffer aus der Mühle abschmecken.

Himmel und Erde

1. Boskop schälen, entkernen, vierteln und mit trockenem Weißwein verkochen. Zum Schluss die gekochten und durchgepressten Kartoffeln unterheben.

Zutaten
(für 4 Personen)

Müritzfisch
4 Fischfilets à 80 bis 120g
(Barsch, Zander oder Hecht)
Mehrkorn (gemahlen)
für die Panade
Salz und Pfeffer aus der Mühle

Kalbsbäckchentaler
2 bis 3 geschmorte Kalbsbacken
120 g Poulardenfarce
Blattspinat zum Einwickeln
50 g Schweinenetz

Zitronen – Kapernsauce
0,5 l Fischfond
0,5 dl Noilly Prat (französischer Vermouth)
20 g Kapern
1 Zitrone (nur der Saft)
0,5 l Sahne
50 g frische gesalzene Butter

Himmel und Erde
1 kg mehlig kochende Kartoffeln
1 kg Boskop-Äpfel
etwas trockener Weißwein
für den Boskop

Roastbeef
mit Grüner Sauce

Gut Dalwitz
Hofrestaurant Remise
Dorfstr.43
17179 Dalwitz
Telefon und Fax 039972 51263
E-Mail: Post@gutdalwitz.de,
Internet: www.gutdalwitz.de

Roastbeef

1. Das Roastbeef mit grobem Meersalz und Pfeffer gut bestreuen und 35 bis 40 Minuten im auf 250 Grad vorgeheizten Ofen garen. Das Fleisch soll innen schön rosa bleiben. Es kann warm oder auch kalt in Scheiben geschnitten serviert werden.

Grüne Sauce

1. Während das Roastbeef im Backofen gart, die Zutaten für die Grüne Sauce miteinander verrühren, mit Pfeffer und Salz und etwas Bratensauce abschmecken. Die Grüne Sauce sollte mindesten zwei Stunden im Eisschrank abkühlen und durchziehen.

Zum Roastbeef mit Grüner Sauce passen Salz- oder Bratkartoffeln und ein grüner Salat.

Zutaten

(für 4 bis 6 Personen)

Roastbeef
1,2 kg Roastbeef vom Bio-Weideochsen oder Bio-Färse (möglichst kein Jungbulle!)
etwas grobes Meersalz, Pfeffer

Grüne Sauce
250 g Delikatessmajonäse
250 g Naturyoghurt
2 Eier, hart gekocht und klein gewürfelt
2 Zwiebeln, mittelgroß und klein gewürfelt
etwas Knoblauch, frisch gehackt
Saft von einer halben Zitrone
Petersilie
Schnittlauch
Dill

Gefüllter Wildschweinbraten

auf Preiselbeerrotkraut

Jagdschule Gut Grambow GbR
Mietkoch Steffen Meibohm
Lange Straße 16
19071 Grambow
Telefon 0385 6666 422
Fax 0385 6666 423
E-Mail: jagdschule@gutgrambow.de
Internet: www.jagdschule-gutgrambow.de

1. Möhren, Sellerie, Lauch, Zwiebeln putzen (Abfälle nicht entsorgen!), und in feine Würfel schneiden. Steinpilze gut durchwaschen und 1 Stunde im kalten Wasser einweichen.

2. Die Gemüsewürfel mit Ei, Semmelbrösel, Steinpilzen einer Prise Salz und Pfeffer, den gehacktem Rosmarin und Thymian vermengen.

3. In den Wildschweinbraten eine Tasche hineinschneiden, mit der vorbereiteten Füllung füllen und mit Rouladennadeln verschließen.

4. Den Braten von außen mit Salz und Pfeffer gut würzen und in etwas Pflanzenöl anbraten, wenn der Braten von allen Seiten gut gebräunt ist, die Gemüseabfälle hinzugeben und kurz mitbraten.

5. Mit Tomatenmark, Rotwein und Brühe auffüllen und die Gewürze hinzugeben. In der Röhre bei 170 Grad ca. 2 Stunden garen. Gelegentlich wenden.

6. Am Ende den Bratensaft passieren, mit kalter Butter abbinden und mit Salz und Pfeffer abschmecken.

7. Das Rotkraut fein schneiden, und mit Likör, Salz und Zucker 1 Stunden marinieren.

8. Die Zwiebeln putzen, in Würfel schneiden und in etwas Butterschmalz anschwitzen, den Rotkohl, die Gewürze und 2 EL Rotweinessig hinzufügen. Ca. 45 Minuten leicht köcheln lassen. Mit Preiselbeermarmelade, Salz, Pfeffer, Zucker und Essig abschmecken.

Dazu serviert man Salzkartoffel oder Knödel.

Zutaten

Wildschweinbraten

1 kg Wildschweinkeule ohne Knochen
100 g Möhren, 100 g Sellerie, 100 g Lauch
1 kleine Zwiebel
25 g getrocknete Steinpilze
1 Ei
2 EL Semmelbrösel
Salz, Pfeffer
5 Wacholderbeeren
1 Lorbeerblatt
5 Pimentkörner
1/2 TL Rosmarinnadeln
1/2 TL Thymianblätter
0,1 l Rotwein trocken
1 TL Tomatenmark
0,5 l Wildbrühe (ggf. auch Rinderbrühe)

Preiselbeerrotkraut

600 g Rotkohl
1 kleine Zwiebel
2 EL Preiselbeermarmelade
12 cl Johannisbeerlikör
Salz, Zucker, Pfeffer, Rotweinessig
1 Lorbeerblatt, 1 Zimtstange, 3 Nelken
Butterschmalz

Schleie mit Kräutern

Gemüsefüllung für Grill oder Backofen

Havelquellseen-Fischerei
Familie Berkholz
Dorfstrasse 34
17237 Kratzeburg
Telefon 039822 29966
Internet: www.fischerei-berkholz.de

1. Fische unter klarem Wasser gut abspülen, danach trocken tupfen und innen mit Zitronensaft säuern, 5 Minuten einwirken lassen, danach salzen und pfeffern.

2. Aus Zwiebeln, Kräutern und Knoblauch eine fein geschnittene Mischung vorbereiten. Anschließend das Gemüse putzen, fein schneiden und vermischen.

3. Die Schleie mit Butterstücken, Kräuter und Gemüsemischung füllen. In den Grillzangen ca. 15 bis 20 Minuten von beiden Seiten grillen. Nach gleichem Verfahren können die Fische mit dem Rest der Kräuter-Gemüsemischung in AluFolie verpackt auf den Grill kommen (20 bis 30 Minuten), wobei sie dann eher gedünstet sind. Dazu reichen Sie einen knackigen Salat und frisches Brot mit Kräuterbutter.

Info: Zum Grillen müssen die Schleie nicht unbedingt geschuppt sein. Die Haut kann während des Grillens sehr dunkel werden und sollte dann nicht mit verzehrt werden.

Zutaten

4 fangfrische Schleie (300–500 g je Fisch, küchenfertig)
Zitronensaft
frische Kräuter (Dill, Petersilie, Schnittlauch, Estragon)
2 Zwiebeln oder Schalotten
etwas Knoblauch, Butter
frisches oder gefrostetes Gemüse (2 Möhren, 2 Stangen Porree)
4 Stangen Staudensellerie oder 1/2 Sellerieknolle
1 Kohlrabi
Salz, Pfeffer
4 große Fischgrillzangen

Landpartie-Menü „Mecklenburg“, 1. Gang

Salat von Frühlingsgemüse

mit grobem Meersalz und Ziegenfrischkäse

Landhotel de Weimar
Wilfried Glania-Brachmann
Schloßstraße 15
19288 Ludwigslust
Telefon 03874 4180
Fax 03874 418190
E-Mail info@landhotel-de-weimar.de
Internet www.landhotel-de-weimar.de

1. Das Gemüse putzen. Nacheinander im kochenden Wasser bissfest garen und in kaltem Wasser abschrecken. Auf einem Küchentuch bereitstellen.

2. Butter in einer Pfanne zerlassen. Das Gemüse dazu geben. Auf die unterschiedlichen Garzeiten achten.
Es sollte auf jeden Fall knackig bleiben!

3. Inzwischen den Ziegenfrischkäse mit gehacktem Thymian in den vorgeheizten Ofen schieben.

4. Für die Vinaigrette Sherry und Balsamicoessig mit der warmen Brühe und den Ölen verrühren. Salz, Pfeffer, Zucker, den Limettensaft und die feinen Kräuter dazu geben.

5. Das lauwarme Gemüse mit der Vinaigrette beträufeln. Anschließend anrichten und mit Kräutern garnieren. Mit Meersalz bestreuen, dann den warmen Ziegenkäse dazu geben. Tomatenbaguette und gehobelter Parmesan vollenden das Frühlingsgericht!

Zutaten

200 g Ziegenfrischkäse
gehackter Thymian

4 grüne Spargelspitzen
4 weiße Spargelspitzen
8 junge Möhren
4 Radieschen
4 kleine Frühlingszwiebeln
100 g Blattspinatblätter
12 frische Bohnen
8 Cherrytomaten
1 Kopf Kohlrabi
4 Blumenkohlröschen
3 EL Butter
frische Kräuter

Vinaigrette
3 EL Sherryessig
4 EL Balsamicoessig – bianco
4 EL Brühe
4 EL Traubenkernöl
4 EL Olivenöl
Salz, Pfeffer, Zucker
Saft von 1/2 Limette
2 EL gehackte frische Kräuter

Landpartie-Menü „Mecklenburg", 2. Gang

Rosenower Wachtel

mit gebratener Blutwurst, Spitzkohl und Reibekuchen

Landhotel de Weimar
Wilfried Glania-Brachmann
Schloßstraße 15
19288 Ludwigslust
Telefon 03874 4180
Fax 03874 418190
E-Mail: info@landhotel-de-weimar.de
Internet: www.landhotel-de-weimar.de

1. Die Wachtelbrüstchen aus der Wachtel lösen. Die Keulen ebenso. Speck in dünne Scheiben schneiden – die Brüste damit einwickeln. Blutwurst in Scheiben schneiden.

2. Die Keulen und die Blutwurst in Mehl wenden.

3. Für die Reibekuchen aus den Kartoffeln einen Teig bereiten: Kartoffeln schälen und waschen, abtropfen lassen und mit der Küchenreibe fein reiben. Eier und Salz dazugeben und gut verrühren.

4. Zwei Pfannen vorbereiten und darin Öl erhitzen. Wachtelbrüste, Keulen und Blutwurst hineingeben. Dazu ein paar Zweige Rosmarin. Von beiden Seiten kurz anbraten.

5. Für die Reibekuchen 4 Taler pro Person aus der Kartoffelmasse in die Pfanne geben und auch von beiden Seiten anbraten. Vorher Spitzkohl schneiden und diesen in heißer Butter anschwenken. Mit Salz und Pfeffer würzen.

6. Für die Sauce 1/8 l Brühe köcheln lassen, Senf dazu geben. Dann geschlagene Sahne und Schnittlauch dazu geben.

Anrichten: Pro Person zwei Brüstchen und zwei Keulchen anrichten. In der Mitte des Tellers ein Türmchen schichtweise bauen: Spitzkohl, Blutwurst & Reibekuchen. Mit Sauce beträufeln und mit Gänseblümchen und Thymian garnieren.

Zutaten

(für 4 Personen)

4 frische Wachteln
200 g Mecklenburger Blutwurst
100 g Speck, durchwachsen
1 Spitzkohl, ca. 1,5 kg
800 g Kartoffeln, mehligkochend
3 Eier
1/2 Bund Schnittlauch
1 EL Pommerysenf
6 Zweige Thymian
3 Rosmarin
30 g Mehl, gesiebt
Salz und Pfeffer
Öl zum Braten
1/8 l Brühe
4 EL geschlagene Schlagsahne
30 g Butter
12 Gänseblümchen

Landpartie-Menü „Mecklenburg“, 3. Gang

Quarksoufflé
mit Himbeeren

Landhotel de Weimar
Wilfried Glania-Brachmann
Schloßstraße 15
19288 Ludwigslust
Telefon 03874 4180
Fax 03874 418190
E-Mail: info@landhotel-de-weimar.de
Internet: www.landhotel-de-weimar.de

1. Eigelb und Quark glatt verrühren, etwas Rum, und das Mark einer Vanillestange sowie Zitronenschale beigeben.

2. Das Eiweiß mit Zucker und Salz zu festem Schnee schlagen, unter den Quark mengen. Souffléförmchen mit Butter ausstreichen, mit Zucker ausstreuen, Masse einfüllen.

3. Die Masse in ein, auf ca. 70 Grad temperiertes Wasserbad setzen, im vorgeheizten Backofen bei 180 Grad ca. 20 Minuten backen.

4. Aus Butter und Zucker ein Karamell bilden und mit Orangensaft und Grand Marnier ablöschen und einköcheln lassen. Vom Herd nehmen und die Himbeeren dazugeben. Das Soufflé stürzen und mit den Himbeeren anrichten.

Zutaten

(für 4 Personen)

180 Quark
2 Eigelb
3 Eiweiß
60 g Zucker
Zitronenschale, gerieben
etwas Rum
1 Vanillestange
Prise Salz
Butter zum Ausstreichen
Zucker zum Ausstreuen
120 g Himbeeren
50 g Zucker zum Karamellisieren
2 EL Grand Marnier
5 EL frisch gepresster Orangensaft

Das Tor zur köstlichen Welt

Eine Landpartie aus der (Groß-) Stadt Hamburg? Was auf den ersten Blick paradox klingt, hat dann doch immer wieder gut geklappt. Denn Deutschlands zweitgrößte Stadt und „Tor zur Welt“ ist nämlich sehr viel ländlicher, als es auf der ersten Blick scheint. Kaum eine deutsche Großstadt gilt als so „grün“ wie Hamburg mit seinen vielen Parks und großzügigen Grünflächen.

Jenseits der Elbdeiche hat sich gleich hinter dem Hafen, auf Hamburger Stadtgebiet, in den so genannten Vier- und Marschlanden, sogar eine der Hochburgen der deutschen Blumen- und Gemüsezucht entwickelt. So gilt, trotz der traditionellen Internationalität durch den Hafen, Hamburgs Küche als vergleichsweise bodenständig. Nicht zuletzt stammen viele Hamburger aus dem ländlichen Umland.

Im Norden Schleswig-Holstein, im Süden Niedersachsen, etwas weiter östlich Mecklenburg-Vorpommern und im Zentrum der Hafen: Klar, dass die Hamburger Küche traditionell aus dem Vollen schöpfen kann. Einerseits kamen und kommen frische Zutaten aus den umliegenden Agrarländern auf den Tisch, natürlich frischer Seefisch in allen Variationen und andererseits, ebenfalls über den Hafen, exotische Spezialitäten aus der ganzen Welt. Fisch spielt heute im Hamburger Hafen kaum noch eine Rolle, geblieben ist den Hamburgern jedoch der Appetit auf die frischen Meeresbewohner. Elbfischer Wilhelm Grube verwöhnt in Hoopte, gleich gegenüber vom „Zollenspieker Fährhaus“, in seinem rustikalen Fischrestaurant die Gäste mit Spezialitäten aller Art. Am bekanntesten sind seine Elb-Stinte, die es allerdings nur für eine kurze Zeit im Frühjahr gibt.

Gleich nebenan züchtet Jan Timmann Enten speziell für Hamburger Restaurants.

Seine „Vierländer Enten“ gelten als besonders fleischig und geschmackvoll. Entstanden ist die Rasse vor über 100 Jahren aus importierten Peking-Enten. Viele Wasserflächen, viele Gemüsereste von benachbarten Bauern – dank dieser guten Vorraussetzungen blühte damals die Hamburger Geflügelzucht. In dieser Zeit züchtete auch ein Herr Vorwerk die später nach ihm benannte Hühnerrasse. Besonders in Hamburg waren diese eierlegenden und fleischliefernden Hühner beliebt. Vor einigen Jahren waren die Vorwerkhühner in Konkurrenz zu den in Käfigen gehaltenen „Turbohühnern“ fast ausgestorben. Jüngst werden die robusten Vorwerkhühner von Biobauern und Gourmets wieder entdeckt – ein lohnendes Geschmackserlebnis. Hamburgs Restaurants profitieren von den vielfältigen Angeboten dieser immer noch ländlichen Großstadt – und natürlich von den Gästen, die auf solcherart Qualität Wert legen. Nirgendwo in Norddeutschland gibt es wohl so viele „Sterne“, „Kochmützen“ „Punkte“, oder wie auch immer die Bewertungen der Restaurantführer heißen, in einem so begrenzten Umkreis wie in Hamburg.

Hamburg

Grubes grüner Saueraal

Grubes Fischerhütte
Wilhelm Grube
Hoopter Elbdeich 32
21423 Hoopte
Telefon 04171 601850
Internet: www.grubes-fischerhuette.de

1. Abgesehen von den Aalen alle Zutaten zusammen als Sud aufkochen und 30 Minuten lang köcheln lassen.

2. Die Aale in 10 Zentimeter lange Stücke schneiden und 45 Minuten in einer 5 %-igen Salzlake einlegen. Danach die Aale in dem Sud 4 bis 5 Minuten gar ziehen lassen.

3. Die gegarten Aale in eine flache Schüssel legen. Den Sud durch ein feines Sieb geben und wieder aufkochen.

4. 75 g Gelatinepulver in 250 g kaltem Wasser auflösen und in den kochenden Sud rühren. Den Sud über die Aalstücke gießen, über Nacht kalt stellen. Zusammen mit Bratkartoffeln servieren.

Zutaten
1 kg abgezogene Aale

Sud
1,5 l Wasser
0,2 l Essig 5%
0,4 l Moselwein
40 g Salz
2 Zwiebeln in Scheiben
100 g Möhren
100 g Lauch, klein geschnitten
30 g Fischgewürzmischung (Pfefferkörner, Senfkörner, Lorbeerblätter, usw.)

Rhabarber-Baiser-Torte

„Die kleine Konditorei"
Tjark Meyer und Britta Lehmkul
Lutterothstraße 9–11
20255 Hamburg
Tel 040 406060
Fax 040 406044
E-Mail: info@kleine-konditorei.com,
Internet: www.kleine-konditorei.com

1 Die Zutaten der Sandmasse bis auf die Eier glatt rühren. Eier nach und nach unterrühren. Die Masse in die gefettete Backform geben und glatt streichen.

2 Rhabarber auf die Sandmasse geben und verteilen. Bei 190 Grad ca. 40 Minuten im Ofen backen. Anschließend die Torte abkühlen lassen.

3 Für die Baisermasse 300 g Zucker und 5 Eiweiß steif schlagen und auf dem Rhabarber gleichmäßig verteilen.

4 Gehobelte Mandeln auf die Baisermasse streuen.

5 Die Torte noch einmal bei 200 bis 220 Grad (Oberhitze) für 8 bis 10 Minuten im Ofen backen, bis die Oberfläche gebräunt ist.

Zutaten
ca. 20 g gehobelte Mandeln
Prise Salz
ca. 200 g Rhabarber
ca. 20 g gehobelte Mandeln
Prise Salz

Sandmasse
(26-er Ring)
200 g Butter
150 g Zucker
60 g Marzipanrohmasse
4 Eier
100 g Weizenmehl
140 g Weizenpuder
8 g Backpulver
etwas Zitronensaft
Prise Salz, Vanillezucker

Baisermasse
300 g Zucker
5 Eiweiß

Bergfelder Stachelbeer Mandelstreusel-Torte

„Die kleine Konditorei"
Tjark Meyer und Britta Lehmkul
Lutterothstrasse 9 – 11
20255 Hamburg
Telefon 040 406060
Fax 040 406044
E-Mail info@kleine-konditorei.com
Internet www.kleine-konditorei.com

Mürbeteigboden

1. Zucker und Butter verkneten, die übrigen Zutaten unterheben und in die gefettete Backform geben; dabei den Rand bis zur Hälfte der Form mit eindecken.

2. Den Mürbeteigboden bei ca. 200 Grad ca. 10 Minuten vorbacken – bis er gebräunt ist. Anschließend abkühlen lassen. Stachelbeeren auf dem Mürbeteigboden verteilen.

Quarkfüllung

1. Quark, Zucker, Weizenpuder, Ei und Zitronensaft vermengen, Sahne schlagen und darunter heben.

2. Butter auflösen und unter die Quarkmasse geben.

3. Die Quarkmasse auf die Stachelbeeren verteilen und glatt streichen.

Streusel

1. Zucker und Butter verkneten, die übrigen Zutaten untergeben. Die Streusel auf der Quarkmasse verteilen.

2. Die Torte bei 200 Grad ca. 80 Minuten backen.

Zutaten (26-er Ring)

Mürbeteigboden
100 g Zucker
200 g Butter
300 g Mehl
1 Prise Salz, Vanillezucker
8 g Backpulver
etwas Zitronensaft

Quarkfüllung
675 g Quark
270 g geschlagene Sahne
75 g Butter
75 g Zucker
25 g Weizenpuder
1 Ei
Spritzer Zitronensaft

Streusel
200 g Zucker
300 g Butter
500 g Mehl
50 g Nussgrieß
Vanillezucker
Prise Salz

Außerdem
200 g Stachelbeeren
(frisch oder tiefgekühlt)

Saiblingsfilet
gebraten in Estragonsauce

„Restaurant Williamine"
Kleiner Schäferkamp 16
20537 Hamburg
Telefon 040 444497
Internet: www.williamine.de

1. Die Saiblingsfilets auf der Hautseite diagonal leicht einschneiden, damit sich das Fischfilet beim Braten nicht wellt.

2. Pastinaken, Lauch und Karotten in kleine Streifen schneiden, kurz in Olivenöl dünsten, Pfeffer, Salz und gehackte Petersilie hinzufügen.

3. 1 EL Mehl mit etwas Olivenöl erwärmen, mit dem Schneebesen glatt rühren. Fischfond und Sahne hinzufügen, salzen, pfeffern, den gehackten Estragon und 4 cl Weißwein hinzufügen.

4. Die Bamberger Hörnchen als Pellkartoffeln abkochen, erkalten lassen. Abschälen, pfeffern, salzen und in Olivenöl anbraten. Kurz vorm Ende des Bratens frischen Rosmarin hinzugeben, damit er nicht verbrennt.

5. Die Saiblingsfilets leicht salzen und etwas pfeffern. Von jeder Seite ca. 2,5 Minuten kurz anbraten, damit die Filets nicht zu trocken werden. Die Estragonsauce über die Filets geben, zum Schluss ca. 1 TL vom frisch geriebenen Meerrettich über die Filets streuen.

Zutaten

4 Saiblingsfilets
Rosmarin
400 g Pastinaken
2 Stangen Lauch
100 g Karotten
2 Bund Petersilie
2 Bund Estragon
2 Glas Fischfond
2 EL Mehl
Olivenöl
Pfeffer, Salz
8 cl Weißwein
Meerrettich, frisch gerieben
500 g Kartoffeln
(Bamberger Hörnchen)
0,25 l Sahne

Gebratenes Lammkarree mit Kräuterkrume überbacken

dazu Schneidebohnen, Austernpilze, Kirschtomaten und Kartoffelrösti

Kreativ-Küche
Erich Häusler Erich Häusler
Jenfelder Strasse 74
22045 Hamburg
Telefon 040 66955150
Fax 040 66955121
E-Mail: info@kreativ-kueche.de
Internet www.kreativ-kueche.de

Zutaten

1200 g Lammkarree, die Rippen bereits geputzt (pro Portion 3 Koteletts)
2 EL bunter geschroteter Pfeffer
2 Scheiben Vollkornbrot
3 EL Kräuter gehackt (Thymian, Rosmarin, Basilikum)
1 Knoblauchzehe
2 EL Senf
250 ml Lammsauce
1 Zweig Rosmarin
200 g Schneidebohnen
200 g Austernpilze
8 Kirschtomaten
100 ml Gemüsebrühe
500 g große Kartoffeln
1 Schalotte
30 g Butterschmalz
10 g Schnittlauch
Salz und Pfeffer nach Geschmack

1. Die Lammrippen mit geschrotetem Pfeffer würzen und auf der Fettseite bei mäßiger Hitze langsam goldbraun anbraten (rund 6 Minuten auf beiden Seiten). Das Brot mit den Kräutern und dem Knoblauch in einer Küchenmaschine pürieren. Das angebratene Lamm mit dem Senf bestreichen und dann die Kräuterkrume auf das Fleisch geben. Im Ofen bei 130 Grad (Umluft) etwa 10 Minuten weitergaren.

2. Das Fleisch herausnehmen, warm stellen und 5 Minuten ruhen lassen. Lammsauce mit Rosmarin erhitzen.

3. Die Schneidebohnen in gleichmäßige Streifen schneiden. Austernpilze grob in Streifen reißen. Die Schalotte schälen und in Streifen schneiden. Die Tomaten halbieren. Kartoffel waschen, schälen, erneut waschen und grob raspeln; Schnittlauchröllchen schneiden.

4. Für die Rösti Butterschmalz erhitzen, mit den Kartoffel-Raspeln kleine Rösti ausbraten
Die Bohnen in wenig Butterschmalz anschwitzen, mit der Gemüsebrühe angießen, die Pilze zugeben und kurz dünsten.

5. Zum Schluss die Tomaten beifügen und mit Salz und Pfeffer abschmecken.
Sauce mit dem Rosmarin erhitzen. Die Koteletts portionieren.

Vierländer Bauernente

Geflügelhof
Jan Timmann
Hoopter Str. 255
21423 Winsen

1. Die ausgenommene Ente waschen und trockentupfen. Von innen und außen salzen und pfeffern. Die Äpfel entkernen und in Achtel schneiden, mit dem Majoran vermengen und die Ente damit füllen.

2. Die Gemüsezwiebel, die Tomaten und die geschälten Äpfel würfeln, im Bräter schichten und mit ca. 200 ml Wasser angießen. Die gewürzte und gefüllte Ente mit der Brustseite nach oben in den Bräter setzen und in den vorgeheizten Backofen (200 Grad) schieben. Nach 45 Minuten die Ente mit einer Bratengabel an mehreren Stellen einstechen, damit das Fett abfließen kann. Die Ente muss gute 2 Stunden braten und zwischendurch immer mal wieder mit dem Bratfond übergossen werden, dabei nach und nach 200 ml Entenfond angießen (im Bräter muss immer Flüssigkeit sein). Nach Beendigung der Bratzeit die Ente aus dem Ofen nehmen.

3. Für die Sauce das überschüssige Entenfett aus dem Bräter bis auf eine kleine Menge entfernen. Den restlichen Bratenfond durch ein Sieb passieren und kurz aufkochen lassen, eventuell noch etwas Entenfond angießen. Den Schmand unterrühren und eventuell mit etwas Stärkemehl abbinden. Die Sauce mit einer Prise Zucker und Salz abschmecken.

Dazu passen Apfelrotkohl und Serviettenknödel.

Zutaten

1 Vierländer Ente, ca. 2 kg
2 bis 3 Äpfel
1 TL Majoran
1 Gemüsezwiebel
4 Tomaten
2 geschälte Äpfel
200 ml Entenfond
100 g Schmand
eventuell Stärkemehl

Vorwerkhahn in Cidre

Hof Arche Noah
Fritz-Günther Röhrßen
Ingrid Blume-Schöller
Meinershagenerstr. 6
27726 Worpswede-Ostersode
Telefon 04794 766
E-Mail: hofarchenoah@t-online.de

1. Den Hahn innen und außen gut abwaschen und trocken tupfen. Mit Salz, Pfeffer, reichlich edelsüßem Paprika, etwas scharfem Paprika und Rosmarin würzen.

2. Den Hahn mit den 3 Thymianzweigen, mit 3 Knoblauchzehen und einer halbierten Zwiebel füllen. Eventuell etwas zunähen. In einem Bräter in heißem Olivenöl rundherum gut anbraten.

3. Die restlichen 3 Zwiebeln hacken und mit anbraten. Wenn die Zwiebeln glasig geworden sind, mit dem Cidre und der Gemüsebrühe auffüllen. Salzen, pfeffern und mit dem verbleibenden Thymianzweig würzen. Den gehackten oder geriebenen Ingwer dazu geben und gut 1,5 Stunden unter mehrmaligem Wenden bei mittlerer Temperatur köcheln lassen.

4. Nun werden die geschälten, in kleine Stücke geschnittenen Äpfel und die 2 geriebenen Knoblauchzehen hinzu gegeben. Nach einer weiteren Stunde (eventuell müssen Sie zwischendurch etwas Wasser dazugeben) wird die Sauce vollendet. Mit Crème fraîche binden, mit Salz und Pfeffer abschmecken. Sollte die Sauce etwas zu säuerlich schmecken, kann mit Honig ausgeglichen werden.

Dazu werden Pellkartoffeln und Karottengemüse gereicht.

Zutaten

1 Vorwerkhahn, 1,5 kg
1 Flasche Cidre, demisec
4 große rote Zwiebeln
4 mittelgroße Äpfel (keine saure Sorte)
1/4 l Gemüsebrühe
4 Thymianzweige
1 TL frischer Ingwer
5 Knoblauchzehen
Paprika edelsüß, Paprika scharf, Rosmarin
Salz, Pfeffer
2 bis 3 EL Crème fraîche
Honig
Olivenöl

Landpartie-Menü „Hamburg“, 1. Gang

Bachforelle
auf Kartoffelsalat

Landhaus Flottbek
Niels Jacobsen
22607 Hamburg,
Baron-Voght-Str. 179
Telefon 040 822741-0
Fax 040 822741-51
E-Mail: info@Landhaus-Flottbek.de
Internet: www.Landhaus-Flottbek.de

1. Die Kartoffeln waschen und mit der Schale in gut abgeschmecktem Salzwasser gar kochen. In der Zeit die Marinade zubereiten.

2. Die geschälten Schalotten in Würfel schneiden und mit etwas Rapsöl in einem Topf anschwitzen, den Senf hinzugeben und mit der Fleischbrühe auffüllen. Den Fond mit dem Apfelessig, Salz und Pfeffer kräftig abschmecken. Sollte der Fond zu dünn erscheinen, etwas Rapsöl untermischen.

3. Die fertig gekochten Kartoffeln noch lauwarm pellen, in dünne Scheiben schneiden und mit dem Fond übergießen, ca. 10 Minuten ziehen lassen.

4. In der Zwischenzeit die Gurke schälen, entkernen und in feine Würfelschneiden. Die Kirschtomaten waschen und halbieren. Die Brunnenkresse waschen und die Stielenden entfernen. Nun die Zutaten vorsichtig unter den Kartoffelsalat heben und alles zusammen mit Salz, Pfeffer und Apfelessig abschmecken.

5. Die Bachforellenfilets auf die Hautseite legen und schöne dünne Tranchen schräg herunter schneiden. Die Tranchen mit Salz, braunem Zucker, Olivenöl und Zitronensaft sehr gut würzen und eine Minute ziehen lassen.

6. Den Kartoffelsalat in der Mitte eines Tellers anrichten und die roh gebeizten Bachforellenscheiben herumlegen und zum Schluss einen gehäuften Löffel Schmand auf den Kartoffelsalat setzen.

Zutaten

2 Filets von der Bachforelle (mit Haut, ohne Gräten)
1 Zitrone
4 cl sehr gutes Olivenöl (am besten aus Öko-Anbau)
200 g festkochende Kartoffeln
2 Schalotten
30 g mittelscharfer Senf
100 ml Fleischbrühe
1/2 Salatgurke
6 Stück Kirschtomaten
1 Doppelbund Brunnenkresse
100 g Schmand
Salz, Pfeffer
braunen Zucker
Apfelessig

Landpartie-Menü „Hamburg", 2. Gang

Schulter vom Rehbock

auf geschmortem Spitzkohl und Wildpfeffersauce

Landhaus Flottbek
Niels Jacobsen
Baron-Voght-Str. 179
Telefon 040 822741 0
Fax 040 822741 51
22607 Hamburg
E-Mail: info@Landhaus-Flottbek.de
Internet: www.Landhaus-Flottbek.de

Rehschulter

1. Die Zutaten für die Marinade in eine große Schüssel oder einen Topf geben und darin die Rehschulter für eine Woche einlegen („marinieren"). Anschließend die Rehschulter aus der Marinade nehmen, würzen und in einer Pfanne kurz anbraten.

2. Die Rehschulter aus der Pfanne herausnehmen und die Wildknochen zugeben. Rösten bis sie eine braune Farbe haben. Die Gemüse aus der Marinade zugeben und mitrösten. Tomatenmark und Preiselbeerkompott zugeben. Mit Gin, rotem Portwein, Madeira und Rotwein ablöschen.

3. Die Rehschulter wieder zugeben und im Ofen bei 160 Grad ca. 2 ,5 Stunden schmoren. Zwischendurch mit Wildjus und Consommé auffüllen. Kurz vor dem Ende der Bratzeit Thymian, Rosmarin, Orangenschale und Steinpilze hinzufügen.

Spitzkohlgemüse

1. Spitzkohl zupfen, Schalotten in Würfel schneiden, Knoblauch und Kümmel hacken. Schalottenwürfel, Knoblauch und Kümmel in Butter anschwitzen, den Spitzkohl zugeben und schwitzen. Mit Essig ablöschen und glasieren; den Vorgang mit Weißwein und Geflügelfond wiederholen.

2. Mit Salz und Pfeffer abschmecken und zum Schluss die Kalbsjus und die gehackte Blattpetersilie zugeben.

Zutaten

1 Rehschulter

Marinade
2 l Rotwein
0,1 l Apfelessig
10 Wacholderbeeren
2 Lorbeerblätter
10 Pfefferkörner weiß und schwarz
2 Knoblauchzehen
5 Zwiebeln
1 Knolle Sellerie
5 Karotten

Wildpfeffersauce
1 kg Knochen und Parüren (Parüren = Sehnen, Fett, Fleischreste)
2 EL Tomatenmark
1 EL Preiselbeeren
2 cl Gin
10 cl roter Portwein,
10 cl Madeira und
0,5 l Rotwein
Pfefferkörner weiß und schwarz
Wacholderbeeren
Lorbeer, Thymian, Rosmarin
Zwiebeln, Karotten, Sellerie
Steinpilze
Orangenschale
Wildjus oder Consommé

Spitzkohlgemüse
1 Spitzkohl
1 Knoblauchzehe
10 Kümmelkörner
5 Schalotten
10 cl Weißwein
1 cl Champagner- oder Apfelessig
etwas Geflügelfond
etwas Kalbsjus
Blattpetersilie

Landpartie-Menü „Hamburg“, 3. Gang

Apfelkompott

Landhaus Flottbek
Niels Jacobsen
Baron-Voght-Str. 179
Telefon 040 822741 0
Fax 040 822741 51
22607 Hamburg
E-Mail: info@Landhaus-Flottbek.de
Internet: www.Landhaus-Flottbek.de

1. Äpfel schälen, Butter im Topf auf dem Herd bei großer Hitze aufschäumen lassen, Zucker zugeben und die Äpfel hinzufügen.

2. Weißwein und Ingwer zugeben und weich kochen. Alles zusammen mischen und passieren.

Zutaten

10 Äpfel
20 g Ingwer, geschält
0,3 l Weißwein
50 g Zucker

Der Genuss der zwei Landstriche

Heidehonig, Heidschnucken, Heidekartoffeln – kulinarisch ist die Heideregion südöstlich von Hamburg für seine Spezialitäten durchaus bekannt. Dabei ist die Heide seit Jahrhunderten eine eher karge Gegend. Die ursprünglichen Wälder wanderten in die Öfen der Lüneburger Salzsieder, die mit dem „weißen Gold" des Mittelalters, dem Salz der Lüneburger Salinen, unglaublich reich wurden. Salz war zu der Zeit an der Ostsee das wichtigste Konservierungsmittel, mit dem schon damals Fisch und Fleisch haltbar gemacht wurde. Dank des Lüneburger Salzes konnte Lübeck zur „Königin der Hansestädte" aufsteigen.

Die von den Wäldern befreiten Flächen wurden dann über Jahrhunderte von Schafen, den Heidschnucken abgefressen, so dass eine ganze eigenen Vegetation, die typische Heidelandschaft übrig blieb. Nach dem Niedergang des Salzhandels lernten die Heidjer, aus wenig viel zu machen. Die Heidschnucken, die auf der Suche nach Nahrung in der Heidelandschaft die Spinnenweben zerrissen, erweiterten damit den Honigbienen den Lebensraum und lieferten neben Wolle und Dung auch ein hervorragendes Fleisch, das geschmacklich eher an Wildfleisch erinnert.

Dank des Heimatdichters Herman Löns wurde die Heide vor rund 100 Jahren als „Sommerfrische", also Naherholungsgebiet, populär und ist bis heute ein Magnet für Tagesausflügler und Urlauber. Überall gibt es, auch jenseits der üblichen Pfade, nette Restaurants und Cafés, in denen es oft überraschend leckere Gerichte, Kuchen und Torten gibt.

Es muss ja nicht gleich die „Haschtorte" sein, wie sie im benach-

barten Wendland beworben wird. Dort, wo bis vor wenigen Jahrzehnten tatsächlich noch in einigen Dörfern Wendisch gesprochen wurde, hat sich bis heute eine eigene, manchmal eigensinnige Kultur erhalten. In den siebziger Jahren war das dünn besiedelte Wendland Ziel vieler Freaks, die in diesem entlegenen Zipfel der damaligen BRD ihren Lebenstraum vom Landleben verwirklicht haben. Viele sind geblieben, bereichern das Landleben auf ihre Art: Nach der traditionellen Wendländischen Hochzeitssuppe kann zum Dessert oder Kaffee in einem liebevoll restaurierten Fachwerkhaus durchaus die „Haschtorte" auf den Tisch kommen. Was übrigens viele der Fernsehzuschauer spontan entsetzt hat – doch keine Angst, das einzig berauschende an solchen Rezepten ist allein der Geschmack.

Wir haben schnell auf unseren Landpartien gemerkt: Die Heide ist vielfältiger und überraschender, als vermutet. Auch nach vier Landpartien in verschiedenen Teilen der Heide haben wir erst einen Bruchteil der möglichen und lohnenswerten Drehorte in unseren Sendungen unterbringen können.

Heide und Wendland

Aal grün

Restaurant Elbterrassen Wussegel
Wussegel 8
29465 Hitzacker/Wussegel
Telefon 05861 8574
Fax 05861 2234
E-Mail: elbterrassen-wussegel@t-online.de
Internet www.elbterrassen.com

1. Aal in ca. 4 cm lange Stücke schneiden und in den kochenden Fond aus Essigwasser und einer Zwiebel mit Lorbeerblatt geben. Mit Salz und Zucker abschmecken. Kochdauer ca. 20 Minuten.

2. In der Zwischenzeit die Salatgurke schälen und in Scheiben schneiden. Mit Salz, Zucker, Essig und Öl anmachen. Für die Dillsoße Butter erhitzen und Mehl einrühren. Mit Fischfond ablöschen.

3. Unter ständigem Rühren aufkochen und mit Sahne verfeinern. Den frischen Dill schneiden und kurz vor dem Servieren in die Soße geben.

4. Den Aal portionsweise auf angewärmten Tellern anrichten, mit Dillsoße überziehen und servieren. Dazu passen Petersilienkartoffeln und Gurkensalat.

Zutaten

(für 4 Personen)

Aal, frisch, 1000 g
Zwiebel, Lorbeerblatt
Essig, Salz, Zucker
Butter, Mehl, Fischfond
Sahne, Dill
Salatgurke, Essig, Öl
Kartoffeln

Bohlsener Mühle Mühlenstrasse 1
29581 Bohlsen
Telefon 05808 9870
Fax 05808 98755
E-Mail: info@bohlsener-muehle.de
Internet www.bohlsener-muehle.de

Möhrenkuchen

1. Eier trennen, alle Zutaten einzeln abwiegen und bereitstellen.

2. Eiweiß zu Schnee schlagen, dabei den Rohrohrzucker langsam einrieseln lassen und beiseite stellen. Eigelb etwas schaumig schlagen und mit den restlichen Zutaten vorsichtig unter den Eischnee heben.

3. Ein tiefes Backblech einfetten und die Masse gleichmäßig verteilen. Anschließend in den vorgeheizten Ofen schieben und bei 180 Grad (Umluft) ca. 50 Minuten backen. Danach aus dem Ofen nehmen und abkühlen lassen.

Für den Guss: 300 g Zartbitterschokolade auflösen und auf dem kalten Kuchen verteilen. Zur Verfeinerung Mandelblätter aufstreuen.

Zutaten

10 Eier
230 g Rohrzucker
5 g Salz
750 g Möhren, fein geraspelt
165 g Weizenvollkornmehl
400 g Haselnüsse, fein gerieben
30 g Backpulver
1 Msp. Zimt
1 Msp. Ingwer
300 g Zartbitterschokolade
Mandelblätter

Saibling

auf Schmorgurke

Forellenzucht Hermann Beneke
An den Fischteichen 1
29585 Bruchtorf OT Jelmstorf
Telefon 05823 1811
Fax 05823 1817

1 Fisch vorbereiten (säubern) und mit Gartenkräutern und Zitrone füllen, je nach Bedarf innen und außen salzen, pfeffern und in Mehl wenden.

2 Schmorgurke schälen und entkernen; anschließend in fingerdicke Würfel schneiden.

3 Den Fisch von beiden Seiten in Olivenöl oder wahlweise Rapsöl anbraten. Dann mit der Pfanne 10 bis 15 Minuten bei 180 Grad in den Backofen geben.

4 In der Zwischenzeit die Schmorgurke in der Pfanne mit Öl auftanken und folgende Gewürze hinzugeben: 1 Prise Salz, 1 Prise Zucker, 1 Prise Pfeffer aus der Mühle.

Nach 5 bis 6 Minuten mit Crème fraîche ablöschen (nach Bedarf) und frischen, klein geschnittenen Dill hinzugeben. Auf einem Teller anrichten und den Saibling darauf legen.

Zutaten

1 ausgenommener Saibling (je nach Größe 1/2 bis 1 Saibling pro Person)
Zitrone
Gartenkräuter
Mehl
Schmorgurke (Größe nach Belieben)
Crème fraîche (Menge nach Belieben)
1 Prise Salz
1 Prise Zucker
Pfeffer aus der Mühle

Schweinerücken

in Backpflaumen-Biersauce

Das Mälzer Brau- und Tafelhaus
Heiligengeiststr.43 / Am Sande
21335 Lüneburg
Telefon 04131 47777
Fax 04131 47887
E-Mail: info@maelzer-brauhaus.de,
Internet: www.maelzer-brauhaus.de

1. Die Bohnen putzen und blanchieren – in Eiswasser abschrecken. Die Speckscheiben halbieren und Bohnenbündchen wickeln. Kartoffeln kochen, abgießen und zugedeckt warm stellen.

2. Den geputzten Schweinerücken mit Salz und Pfeffer würzen und im Bratentopf von allen Seiten anbraten.
Das klein geschnittene Suppengemüse kurz mitrösten, dann das Fett abgießen und das Fleisch mit dem Bier ablöschen, Backpflaumen hinzugeben und im Ofen ca. 15 bis 20 Minuten schmoren, mehrmals übergießen. Die Bohnenbündchen ca. 2 bis 3 Minuten im Bratentopf mitschmoren.

3. Fleisch und Bohnen aus dem Topf nehmen und warm stellen. Den Saucenansatz pürieren (Thymian vorher heraus nehmen), eventuell mit Bier auffüllen; nach Geschmack Pflaumenmus einrühren, bis die Sauce leicht sämig ist.
Die Kartoffeln pürieren und mit Muskat, Butter und Crème fraîche abschmecken.

Anrichten.

Zutaten

1 kg Schweinerücken, mit Knochen
6 Scheiben durchwachsenen Speck
400 g grüne Bohnen
1 kg Kartoffeln
200 g Backpflaumen
1 Bund Suppengemüse
1 Zweig Thymian
50 g Pflaumenmus
1/2 l „Mälzer dunkel“ oder Altbier
Butter
1 kl. Becher Crème fraîche
Salz, Pfeffer, Muskat

Wendländische Hochzeitssuppe

Restaurant Elbterrassen Wussegel
Wussegel 8
29465 Hitzacker/Wussegel
Telefon 05861 8574
Telefax 05861 2234
E-Mail: elbterrassen-wussegel
@t-online.de
Internet: www.elbterrassen.com

1. Rinderbein und Knochen gut abspülen, mit kaltem Wasser aufsetzen und auf kleiner Flamme köcheln lassen.

2. Zwei angeröstete Zwiebelhälften und je 100 g des Gemüses hinzugeben. Das Hackfleisch mit Pfeffer und Salz würzen, zu kleinen Bällchen drehen und in kochendem Salzwasser gar ziehen lassen. Für den Eierstich werden Eier und Milch gut miteinander verrührt und mit Salz, Pfeffer und Muskat gewürzt.

3. Anschließend den Eierstich im Wasserbad pochieren und in kleine Würfel schneiden. Das verbleibende Gemüse wird blanchiert und in kleine Portionen geschnitten. Die fertige Brühe wird nach ca. 3,5 Stunden passiert und abgeschmeckt. Gemüse, Fleischbällchen und Eierstich in vorgewärmte Teller oder Tassen geben und mit der heißen Rinderbrühe übergießen. Mit gehackter Petersilie bestreuen und servieren.

Zutaten

1 kg Rinderbein
1 kg Rinderknochen
100 g Lauch
100 g Sellerie
200 g Möhren
100 Spargel
200 g Gemischtes Hack
3 Eier
120 ml Milch
Zwiebel
Salz, Muskat, Pfeffer
Petersilie

Haschtorte

Café Michelshof
Andrea Michels
Wiesenweg 4
21354 Walmsburg/Elbe
Telefon 05853 292
E-Mail: info@cafe-michelshof.de
Internet: www.cafe-michelshof.de

1. Für den Biskuitteig die Eier aufschlagen und trennen. Das Eigelb mit Zucker und 100 ml Wasser ca. 15 Minuten auf mittlerer Stufe schlagen. Das Eiweiß separat steif schlagen. In die Eigelb-Zuckermasse das Mehl, die Kartoffelstärke und das Backpulver geben. 100 ml Wasser hinzufügen. Dann auf voller Stufe ca. 2 Minuten mixen. Die Masse zum Eischnee geben und unterheben, bis es eine glatte Masse ist. Den Teig in die Form geben, glatt streichen und in den vorgeheizten Ofen schieben. Hitze: 165 Grad (Kombidämpfer), Backzeit 30 Minuten. Den gut ausgekühlten Boden 2-fach waagerecht durchschneiden.

2. Für die Füllung die Sahne mit dem Bittermandelöl steif schlagen. 1/4 l Sahne mit den Preiselbeeren zu Preiselbeer-Sahne verrühren.

3. Für den Belag das Marzipan mit dem Puderzucker verkneten und zu einem Ball formen. Eine Plastikfolie mit etwas Mehl bestäuben und darauf den Marzipanball ausrollen (ca. 50 cm breit und 1,5 mm dick).

4. Für den Guss die Blockschokolade im Wasserbad auflösen. Das Fett in die heiße Schokolade geben und darin unter Rühre schmelzen. Die Schokoladen-Fett-Flüssigkeit von der Herdplatte ehmen und wieder leicht dickflüssig werden lassen.

5. Den unteren Boden auf eine Tortenplatte geben und einen Tortenring darum stellen. Auf den Boden die Preiselbeersahne geben und glatt streichen. Den nächsten Boden darauf legen. Dieser wird gleichmäßig mit Schlagsahne gefüllt (2 cm). Es folgt der letzte Boden, der leicht fest gedrückt wird. Auf den Deckel dünn Sahne streichen.

6. Nun kann der Tortenring entfernt werden. Der Tortenrand wird dünn mit Sahne bedeckt. Dann das ausgerollte Marzipan zusammen mit der Folie (nach außen!) mittig platzieren und über die Torte legen, so dass die gesamte Torte mit Marzipan umhüllt ist.

7. Die Folie abziehen. Das Marzipan mit der Hand an die Torte andrücken. Mit einem Messer die überstehenden Marzipanreste abschneiden. Das Marzipan noch einmal festdrücken, so dass die Torte eine schöne Form hat. Mit einem Pinsel restliches Mehl und Puderzucker abbürsten.

8. Die dickflüssige Schokoladenglasur mit einem trockenen Pinsel auf die Marzipanmasse streichen, so dass kein Marzipan durchschaut. Mit einem sauberen, feuchten Stofflappen den Tortenrand abwischen.

Zutaten

Biskuitteig
200 g Zucker
100 g Weizenmehl (Typ 500)
100 g feine Kartoffelstärke
1/2 Tasse ganzer Mohn
200 ml Wasser
1/2 TL Backpulver
5 frische Eier

Füllung
3/4 l Sahne
5 Tropfen Bittermandelöl
ca. 100 g Preiselbeeren

Überzug
500 g Marzipan
etwas Puderzucker und Mehl

Guss
100 g Zartbitter-blockschokolade
20 g Fett

Großer Hans
nach Schuettenhof-Art

Schüttenhof, Hermann und Marlene Maack, Hof 4, 21376 Lübberstedt, Telefon 04175 443, Fax 04175 776, E-Mail: info@schuettenhof.de, Internet: www.schuettenhof.de

1. Die Milch und die Eier verrühren.

2. Den trockenen Butterkuchen in ca. 2 cm große Würfel schneiden und in der Eiermilch 30 Minuten einweichen.

3. Die Masse in eine Form geben (Große Hans Form oder einen Topf mit Deckel.)

4. Die Form in einen größeren Topf mit Wasser stellen und 90 Minuten bei ca. 95 Grad garen.

Dazu passen Fruchtsaucen oder Kompott.

Zutaten

1 Liter Milch
5 Eier
500 g trocken gewordenen Butterkuchen

Landpartie-Menü „Heide-Wendland", 1. Gang

Restaurant „Zur Linde"
Jens Olvermann
Hindenburgstr. 2
29386 Hankensbüttel
Telefon 05832 468
Fax 05832 545
E-Mail: HotelZurLinde@t-online.de
Internet: www.zur-linde-hankensbuettel.de

Aal in Gelee

mit Lachsforellenkaviar

1. Den Aal häuten und längs von der Gräte schneiden, anschließend in ca. 5 cm lange Stücke schneiden.

2. Das Wurzelgemüse schälen, waschen, würfeln, anschließend im Wasser kurz blanchieren (aufkochen) und im kalten Wasser abschrecken.

3. Schalotten, 1/4 Liter Weißwein, 1 Liter Wasser und Kräuter zu einem Sud ansetzen; Aalstücke im heißen Sud ca. 15 Minuten ziehen lassen. Im Anschluss den Sud durch ein Tuch gießen.

4. Gelatine in kaltem Wasser einweichen, anschließend im heißem Sud auflösen und kalt setzen.

5. Eine Moccatasse auf dem Kopf in die Mitte eines Suppentellers setzen, Aalstücke, Gemüsestreifen und Lachskaviar im Teller verteilen, kalt stellen.

6. Gelatine nach ca. 2 Stunden über den Aal gießen, über Nacht erkalten lassen.

7. Geputzten, marinierten Salat an die Stelle der Moccatasse setzen und mit frischen Kräutern garnieren. Etwas Kaviar an das Salatbouquet fügen und servieren.

Zutaten

1 kg Aal, nicht zu dick
100 g Wurzelgemüse (Möhre, Sellerie, Porree)
50 g Schalotten
1 Dillzweig
1 Estragonzweig
50 g Lachsforellenkaviar
1/4 l Weißwein
8 Blatt Gelatine
Salat nach Jahreszeit
Salz
Zucker

Landpartie-Menü „Heide-Wendland", 2. Gang

Heidschnuckenroulade mit Steinpilzen

auf Kohlrabi- und Rote Beeteragout

Restaurant „Zur Linde"
Jens Olvermann
Hindenburgstr. 2
29386 Hankensbüttel
Telefon 05832 468
Fax 05832 545
E-Mail: HotelZurLinde@t-online.de
Internet: www.zur-linde-hankensbuettel.de

1. Heidschnuckenrücken in 6 Portionen einteilen, längs / tief einschneiden und plattieren (0,5 bis 1 cm dick).

2. Steinpilze putzen, im stehenden Wasser waschen und in Scheiben schneiden. Schalotten in Butter anschwitzen, Steinpilze dazu geben und anbraten, mit Kräutern abschmecken.

3. Das Fleisch mit Salz und Pfeffer würzen. Die Steinpilze und das Fleisch zu einer Roulade drehen, mit Zahnstochern feststecken und in der Pfanne anbraten. Anschließend ca. 10 Minuten bei 180 Grad im Ofen braten.

4. Die Kartoffeln und den Kohlrabi schälen, in 1 x 1 cm große Würfel schneiden und in Salzwasser blanchieren.

5. 2 Rote Beete mit Haut in Zucker-Salzwasser kochen, enthäuten und auch in Würfel schneiden. 1 Rote Beete schälen, fein reiben und den Saft mit Hilfe eines Tuchs ausdrücken und auffangen. Kartoffeln, Rote Beete und Kohlrabi in Butter nochmals anschwenken, die Sahne hinzugeben, leicht sämig kochen. Mit Salz, Zucker etwas Pfeffer abschmecken.

6. Das Gemüse auf der Tellermitte anrichten, Roulade in die Mitte setzen und etwas Rote Beetesaft auf das Gemüse träufeln. Mit Rosmarin und Thymianzweigen garnieren.

Zutaten

1200 g Heidschnuckenrückenfilet pariert (von Sehnen und Fett befreit)
400 g Steinpilze
Frischen Rosmarin und Thymian, gezupft und gehackt
1 Schalotte, gewürfelt
50 g Butter
3 Kohlrabiknollen
3 mittelgroße Rote Beeteknollen
300 ml Sahne
300 g Kartoffeln, geschält und gewaschen
Zucker
Salz

Landpartie-Menü „Heide-Wendland", 3. Gang

Panierte Kartoffelnudeln

mit Cassis Schaum und Vanilleeis

Restaurant „Zur Linde", Jens Olvermann, Hindenburgstr. 2, 29386 Hankensbüttel, Telefon: 05832 468, Fax: 05832 545, E-Mail: HotelZurLinde@t-online.de, Internet: www.zur-linde-hankensbuettel.de

1. Hefe in lauwarmer Milch auflösen und mit allen Zutaten zu einem Teig verkneten. Teig leicht feucht abgedeckt gehen lassen, im Anschluss ca. 2 cm dick ausrollen, zu 10 cm langen Streifen schneiden und rollen.

2. Den Teig vorsichtig in Mehl, Eiweiß und Mandelgrieß panieren, in heißem Fett goldgelb ausbacken und auf einem Tuch abtropfen lassen.

3. Bunte Kartoffeln in leichtem Zuckerwasser kochen und pellen.

4. Für den Cassischaum: Eigelb, Zucker und Cassissaft bis zur „Rose" aufschlagen.

5. Nudeln kreuz und quer auf den Teller legen, Cassisschaum in der Mitte zugeben und eine Kugel Vanilleeis auf den Schaum setzen. Mit Puderzucker abstäuben, am Rand etwas Kakaopulver streuen. Kartoffeln in Scheiben schneiden und zwischen die Nudeln setzen.

Eventuell mit etwas frischem Obst ausgarnieren.

Zutaten

100 g Kartoffeln, gekocht und passiert
15 g Hefe
25 g Sahne
125 g Mehl (100g Weizenmehl 405, 25 g Kartoffelpüree fein)
15 g flüssige Butter
1 Vollei

Panierung

2 Eiweiß
150 g Mandelgrieß

Cassisschaum

2 Eigelb
100 ml Cassissaft (schwarze Johannisbeere)
Zucker

Garnitur

4 blaue Kartoffeln (blauer Schwede)
4 rote Kartoffeln (Burgundy Red)

Esskultur der besonderen Art

Im Harz ging es los: Hier drehten wir die erste „Landpartie" überhaupt – und das unter erschwerten Bedingungen: Es war Mitte März, nieselte überwiegend und die fantastischen Aussichten und Perspektiven, die der Harz normalerweise bietet, waren kaum zu sehen. Dass diese erste Pilotsendung der Landpartie dennoch ein Erfolg wurde, lag auch an den Qualitäten dieser Region: Traditionsbewusste wie innovative Menschen, landschaftlich angepasste Tiere und ausgeprägte regionale Spezialitäten. Wer sich wirklicht einlässt auf eine im Märzregen trostlos wirkende Gegend, kann selbst zu so einer ungünstigen Jahreszeit spannende Entdeckungen machen, die das Wetter vergessen lassen.

Ob es nun um den berühmten „Harzer Käse" geht, die „Harzer Füchse", das „Harzer Rotvieh" oder die Vielzahl der Harzer Wurst- und Wildspezialitäten – es war kein Problem, im Harz Themen für die erste „Landpartie" zu finden. Dabei ist uns klar geworden, dass der Harz eine über 1000-jährige Kulturlandschaft ist, in der schon um die erste Jahrtausendwende Silber, Kupfer oder auch Blei geschürft wurde. Der Reichtum der Berge führte zu prächtigen mittelalterlichen Bauten und großem Reichtum, andererseits erforderte der Bergbau Arbeitskräfte, die teilweise sogar aus dem Erzgebirge, Thüringen oder Franken kamen. Und alle brachten ihre (Eß-) Kultur mit. Zwischen preiswerten und sättigenden Gerichten einerseits und aufwendigeren Gelagen für Kaiser und Könige andererseits ist im Harz vielfältig gekocht und getafelt worden.

Von dieser kulturellen Vielfalt profitiert der heutige Fremdenverkehr. Idyllische Städte, ursprüngliche Gaststätten und eine ausgeprägte Gastlichkeit sind im Harz selbstverständlich. Auf den seit Jahrhunderten wieder aufgeforsteten

Harzwäldern – der Bergbau hatte einstmals viel Holz verbraucht – ist Landwirtschaft nur begrenzt möglich, mal abgesehen von einer bescheidenen Tierhaltung. Deshalb ist das Sammeln von Waldfrüchten wie Pilzen, Beeren oder Kräutern heute noch bei den Harzern beliebt, auch wenn kaum jemand „seine" Sammelstellen preisgibt. So ist es dann auch nicht ungewöhnlich, wenn man im April zum Beispiel Schlachtermeister Hans-Dieter Lambertz beim Bärlauch sammeln trifft. Denn trotz der vorhandenen Vielfalt der Harzer Wurstspezialitäten – selbst sie lassen sich noch variieren.

In den angrenzenden Regionen Solling oder dem Eichsfeld ist die hügelige Landschaft zwar flacher, lässt sich dafür ungleich besser landwirtschaftlich nutzen als der Harz. Keine Frage, dass sich hier, nur wenige Dutzend Kilometer vom Harz entfernt, eine etwas andere Küchentradition entwickelt hat. Die vielfältigen, oft uralten Bauernhöfe bilden dafür eine gute Basis. Und vor schlechtem Wetter hatten wir bei diesen „Landpartien" auch keine Angst mehr.

Harz Solling Eichsfeld

Rehrücken mit frischen Waldpilzen

Harz-Restaurant und Hotel
„Zum Paradies“
Michael Klutt
Siebertal 2
37412 Herzberg
E-Mail: hotel.zum.paradies@harz.de
Internet: www.hotel.zum.paradies.harz.de

umlegt mit Wachholderrahmsoße, gefüllter Rotweinbirne und handgeschabten Spätzle

1. Den Rehrücken von Sehnen und Hautteilen befreien und davon eine kräftige Sauce kochen. Dann den Rehrücken am Rückenknochen beidseitig einschneiden, mit Salz und Pfeffer würzen; Thymiansträußchen unter die Rückenstränge legen. In Olivenöl scharf anbraten und im Ofen anschließend bei 180 Grad etwa 25 Minuten garen.

2. Die Birnen schälen und in Rotwein leicht aufkochen. Am besten bereits einen Tag vorher vorbereiten und im Wein stehen lassen. Dann die Birne mit einem kleinen Löffelchen entkernen und mit Preiselbeeren füllen.

3. Die Pilze waschen, mit Speck, Zwiebeln, Kräutern in Walnussöl scharf in einer Kasserolle anrösten, mit Salz, Pfeffer, Knoblauch würzen.

4. Für die Spätzle das Mehl in eine Schüssel geben. Eier, Salz und Muskat hinzufügen und zu einem geschmeidigen Teig verarbeiten. Den Teig auf ein Spätzlebrett verteilen, die Spätzle nacheinander ausformen und ins kochende Salzwasser schaben.

Zutaten
(für 4 bis 6 Personen)

1 ganzer Rehrücken, ca. 2 kg, frisch vom Jäger oder Förster
4 bis 6 saftige frische Birnen
1 Flasche guten Rotwein
100 g Preiselbeeren
frischer Thymian
500 g Mehl
7 Eier
Salz, Muskat
je Person ca. 100 g Waldpilze (Nur Pilze sammeln, die Sie genau kennen!)
Crème fraîche
Speck
Kräuter (Thymian, Oregano, Blattpetersilie, Lauchzwiebeln, Schalotten)
Knoblauch, Salz, Pfeffer
Oliven- und Walnussöl

Harzer Wildkräutersuppe

1. Zwiebel fein würfeln und in das heiße Öl geben. Anschließend die Kartoffeln grob würfeln und dazu geben.

2. Wenn die Kartoffeln angeröstet sind, mit 1 l Wasser ablöschen und alles 15 Minuten lang garen lassen.
Im Anschluss mit Salz und Pfeffer abschmecken und die Brühe dazu geben. Vor dem Servieren die gehackten Kräuter hinzugeben.

Zutaten

4 Kartoffeln
1 Zwiebel
Öl
1 l Wasser
1 EL Hefebrühe
Salz, Pfeffer
Kräuter je nach Jahreszeit: Löwenzahn, Giersch, Vogelmiere, Brennnesseln (jung), Gänseblümchen Knospen, Bärlauch, Brunnenkresse, Schnittlauch, Petersilie, Dill, Melisse, Liebstöckel, Rosmarin, Estragon, Kerbel, Pimpinelle.

Harzer Rehgeschnetzeltes

Schlachtermeister
Hans-Dieter Lambertz
Willi-Bergmann-Str. 16
37444 St. Andreasberg
Telefon 05582 760
Fax 05582 1860
E-Mail: lambertz-harz@t-online.de
Internet: www.lambertz-harz.de

1. Das Fleisch in dünne Streifen schneiden und in Olivenöl anbraten. Wenn das Fleisch eine leichte Bräune erhalten hat, klein gehackte Zwiebeln, Knoblauch und geputzte Pfifferlinge zugeben. Kurz dünsten.

2. Tomatenmark unterrühren und mit Rotwein ablöschen. Sahne angießen und ca. 5 Minuten köcheln lassen.

3. Wildfond aufgießen und alles würzen. Rosmarin, Thymian, Pfeffer, Fondor, Salz, Wacholderbeeren, Lorbeerblätter und Preiselbeeren (Wacholderbeeren und Lorbeerblätter im Leinensack mitköcheln – zum Schluss mit Säckchen raus) 30 bis 45 Minuten langsam ziehen lassen.

4. Crème fraîche unterrühren, eventuell noch etwas mit Mondamin dunkel nachdicken – dann aber noch einmal kurz aufkochen. Zum Schluss den Weinbrand unterziehen.

Zutaten

ca. 1,4 kg Rehfleisch aus der Keule
120 ml Olivenöl
150 g Pfifferlinge oder Waldpilze
3 kleine Zwiebeln
2 EL Preiselbeeren
2 Knoblauchzehen
40 ml Weinbrand
1/4 l Rotwein
2 EL Tomatenmark
10 g Thymian
10 g Rosmarien
30 g Fondor
15 g frisch gemahlener schwarzen Pfeffer
10 g Wachholderbeeren
3 bis 4 Lorbeerblätter
2 EL Kochsalz
1/2 l Sahne
2 l Wildfond (aus Knochen ziehen oder als Fertigfond aus Konzentrat)
1 Becher Crème fraîche

Gans mit Wirsingröllchen und Kartoffel-Gratin

Hotel & Landgasthof
„Zum alten Krug"
Familie Schneegans
Thüringer Str. 37
37531 Gittelde
Telefon 05327 86860
E-Mail: willkommen@krug-gittelde.de
Internet: www.krug-gittelde.de

1. Am Morgen: Elektro-Ofen auf 175 Grad vorheizen. Öl in eine große Auflaufform träufeln. Kartoffeln schälen, waschen und in 2 Millimeter dünne Scheiben teilen. Kartoffelscheiben in der Form verteilen, salzen und pfeffern. 400 g Sahne angießen und das Gratin im Ofen bei 175 Grad (Gas: Stufe 2) 50 bis 60 Minuten backen. Kalt stellen.

2. Wirsing putzen und waschen, 8 große Blätter beiseite legen, Rest in Streifen teilen. Blätter 1 Minute in kochendes Wasser tauchen, kalt abschrecken. Speck würfeln, anbraten, Wirsingstreifen zugeben. Mit übriger Sahne ablöschen, 5 Minuten schmoren, mit Salz, Pfeffer, Muskat würzen. Wirsingblätter auslegen, trocken tupfen, je 1 EL Wirsinggemüse darauf geben. Seiten einschlagen, einrollen.

3. 1,5 Stunden vorm Servieren: Elektro-Ofen auf 175 Grad heizen. Gänseteile waschen, trocken tupfen. In einer heißen Pfanne mit der Hautseite nach unten anbraten, salzen, pfeffern. Wenden, 2 Minuten braten. Auf einem Blech im Ofen bei 175 Grad (Gas: Stufe 2) 35 bis 40 Minuten braten lassen. In Alufolie 10 Minuten ruhen lassen.

4. Inzwischen den Wein 10 Minuten kochen, Fond zugießen, weitere 10 bis 15 Minuten köcheln lassen. Stärke mit 2 EL Wasser glatt rühren, in die Sauce einrühren. Einmal aufkochen und abschmecken.

5. Zum Servieren: Gratin bei 175 Grad (Gas: Stufe 2) 15 Minuten aufwärmen. Wirsingpäckchen in einer Pfanne mit 2 EL Wasser zugedeckt erhitzen. Gans, Wirsingpäckchen, Sauce und Gratin servieren.

Getränke-Tipp:
kräftiger Rotwein (z.B. Spätburgunder)

Zutaten

4 Gänseteile Schenkel oder Bruststücke à 280g
50 g Frühstücksspeck (Bacon)
1 kg Kartoffeln (vorw. fest kochend)
1/2 Kopf Wirsing (0,7 kg)
1/2 EL Öl
Salz, Pfeffer
400 g Schlagsahne
Muskatnuss, gerieben
250 ml trockener Rotwein
1/2 l Wildfond (Glas, oder Instant-Fleischbrühe)
1 TL Speisestärke

Beschwipster Kirschkuchen

Rittergut Besenhausen
Herr Flechtner
37133 Friedland bei Göttingen
Telefon 05504 215
Fax 05504 7720
E-Mail: sommer@besenhausen.de
Internet: www.besenhausen.de

Zutaten

Teig
1 Glas Sauerkirschen
3 Eier
180 g Puderzucker
1 Packet Vanillezucker
180 g Sonnenblumenöl
180 g Eierlikör
375 g Mehl
1/2 Paket Backpulver
2 EL Schokoraspel

Füllung
400 g Sahne
1 Päckchen Sahnesteif
Puderzucker

1. Die Sauerkirschen aus dem Glas nehmen und abtropfen lassen. Die Eier zusammen mit dem Puder- und Vanillezucker in einer Rührschüssel schaumig schlagen. Dann das Öl und den Eierlikör vorsichtig unter den Eierschaum ziehen.

2. Anschließend das Mehl mit dem Backpulver mischen und unter den Rohteig heben. Danach noch 2 EL Schokoraspel unterheben.

3. Die Teigmasse in eine Springform (Durchmesser 26–28 cm) füllen, die auf dem Boden mit Backpapier ausgelegt ist. Auf dem Teig die abgetropften Kirschen verteilen und bei 175 Grad (Umluft: 150 Grad) 45 min. backen. Den Kuchen auskühlen lassen, anschließend einmal waagerecht durchschneiden.

4. Füllung: Die Sahne mit einem Päckchen Sahnesteif steif schlagen, Eierlikör nach Geschmack dazugeben. Die Füllung auf dem unteren Boden verteilen, anschließend den oberen Boden in 12 Tortenstücke zerteilen und auf die Torte legen.
Zum Schluss mit Puderzucker bestreuen.

Apfelkuchen vom Blech

nach Art des Polsterberger Hubhauses

Polsterberger Hubhaus
Beate Engel
Polsterberg 1
38678 Clausthal-Zellerfeld
Telefon 05323 5581
Fax 05323 715507.

Teig

1. Die Eier und den Zucker sehr schaumig schlagen. Anschließend mit den übrigen Zutaten zu einem gleichmäßigen Teig vermengen. Den Teig auf das tiefe Blech ausbreiten und glatt streichen.

Belag

1. Ausreichend säuerliche Äpfel schälen, vierteln, entkernen und auf der Oberseite länglich einritzen. Den Teig dicht mit den Äpfeln belegen.

Streusel

1. Die Zutaten vermengen und über die Äpfel streuen.

Weiterverarbeitung

1. Bei ca. 170 Grad 30 Minuten backen und ca. 10 Minuten im ausgeschalteten Ofen ruhen lassen.

Dazu frische Sahne.

Zutaten

(Für ein tiefes Blech von der Größe 40 x 40 cm)

Teig
4 große Eier
250 g Zucker
knapp 200 ml Pflanzenöl
knapp 200 ml Apfelsaft
100 g gemahlene Haselnüsse
50 g gemahlene Mandeln
50 g Schokoraspeln
1 Päckchen Vanillezucker
1 Fläschchen Orangenaroma
300 g Mehl
1 Päckchen Backpulver

Belag
Ausreichend säuerliche Äpfel

Streusel
120 g Zucker
100 g Mehl
80 g Butter
1,5 TL Zimt

Roulade vom Harzer Rotvieh

auf Thymian-Gemüse mit Rosmarinkartoffeln

Landhaus Kemper
OT Buntenbock
An der Trift 19
38678 Clausthal-Zellerfeld
Telefon 05323 1774
Fax 05323 4529
E-Mail: kontakt@landhaus-kemper.de
Internet: www.landhaus-kemper.de

1. Die Rinderroulade leicht klopfen, mit Pfeffer aus dem Mörser würzen und dünn mit Senf bestreichen. Jede Roulade mit Ziegenkäse füllen. Die frischen, gehackten Kräuter auf den Ziegenkäse streuen und die Rouladen aufrollen. Butterschmalz erhitzen und die Rouladen bei starker Hitze darin anbraten.

2. Das Suppengrün und die Zwiebelstreifen hinzufügen und bei leichter Hitze ebenfalls mit anrösten. Die Gewürze zu dem Fleisch geben und mit der Fleischbrühe und dem Rotwein aufgießen. Gut zugedeckt bei leichter Hitze etwa 75 Minuten schmoren.

3. Die Roulade aus dem Topf nehmen, die Sauce durch ein Sieb streichen, mit Rahm oder Crème fraîche noch etwas einkochen lassen und abschmecken. Die Frühlingszwiebeln und den Knoblauch in etwas Öl dünsten, Möhren und Zucchini hinzugeben, mit Thymian würzen und abschmecken.

Zutaten

4 Scheiben Rinderroulade aus der Oberschale (je 150 bis 180 g)
1 Portion weißer Pfeffer aus der Mühle
scharfer Senf
300 g Ziegenkäse
frische gehackte Kräuter
2 Zwiebeln gestreift
40 g Butterschmalz
150 g Suppengrün
1 Lorbeerblatt
einige Pfefferkörner
250 ml Fleischbrühe
100 ml Rotwein
500 g Möhren
200 g Zucchini
Öl
Rahm oder Crème fraîche
1 Bund Frühlingszwiebeln
Knoblauch
frischer Thymian

Landpartie-Menü „Harz, Eichsfeld und Solling", 1. Gang

Lauchsuppe im Brotteig

Hotel-Restaurant Zum Löwen,
Marktstraße 30
37115 Duderstadt
Telefon 05527 3072
Fax 05527 72630

1. Die Speck- und Zwiebelwürfel in der Butter glasig schwitzen. Den in dünne Ringe geschnittenen Porree hinzufügen und noch etwas weiter schwitzen.

2. Mit Salz, Muskat und Pfeffer würzen und mit der Sahne und Milch ablöschen. Wenige Minuten kochen lassen und mit einem Zauberstab pürieren.

3. Nochmals aufkochen lassen, nachschmecken, in das ausgehöhlte Brot gießen und sofort servieren.

Zutaten

250 g Graubrot, runde Form
0,5 l Sahne
0,5 l Milch
400 g Porree (möglichst das grüne Ende)
Zwiebelwürfel
Speckwürfel
Butter
Salz, Pfeffer, Muskat

Landpartie-Menü „Harz, Eichsfeld und Solling", 2. Gang

Hotel-Restaurant Zum Löwen
Marktstraße 30
37115 Duderstadt
Telefon 05527 3072
Fax: 05527 72630.

Schweinelachs-Roulade

mit Mangold und Schafskäse

1. Die dünnen Scheiben flach klopfen, mit Salz und Pfeffer würzen. Mit dem Mangold und Schafskäse belegen und zur Roulade einrollen, mit einem Zahnstocher das Ende befestigen. Anbraten und ca. 10 Minuten im Ofen bei ca. 180 Grad garen.

2. Rosmarinkartoffeln: Speckstreifen auf dem Tisch ausbreiten und mit dem frischem Rosmarin belegen. Die Kartoffeln längs halbieren und in dem Speck einwickeln. Mit Olivenöl und etwas Meersalz würzen und auf einem Blech im Ofen ca. 20 bis 30 Minuten garen.

3. Kürbisgemüse: Aus einem Kürbis kleine Kugeln ausstechen und in Salzwasser garen. Wasser abgießen, etwas Sahne angießen; mit Salz, Pfeffer, Ingwerpulver und etwas Zucker würzen und leicht einkochen.

4. Alles zusammen auf warmen Tellern anrichten.

Zutaten

4 dünne Scheiben Schweinelachs à 120 g
200 g blanchierten Mangold
4 Stücke Schafskäse à 30 g
Salz, Pfeffer

Beilage Rosmarinkartoffeln

12 Kartoffeln (mit dünner Schale und sauber gebürstet)
12 dünne Bauchspeckstreifen
frischer Rosmarin nach Geschmack
Olivenöl, Meersalz, Pfeffer

Beilage Kürbisgemüse

1 Kürbis
etwas Sahne
Ingwerpulver
Salz, Pfeffer, Zucker

Landpartie-Menü „Harz, Eichsfeld und Solling", 3. Gang

Joghurtmousse

mit Safran-Apfelkompott

Hotel-Restaurant Zum Löwen
Marktstraße 30
37115 Duderstadt
Telefon 05527 3072
Fax 05527 72630

1. Den Joghurt mit Limettenabrieb, Saft und Zucker vermischen. Gelatine in kaltem Wasser einweichen, quellen lassen und auflösen. Warm unter den Joghurt ziehen. Anschließend die geschlagene Sahne unterheben. In Förmchen oder kleine Schüsseln abfüllen und kalt stellen.

2. Äpfel schälen und in Würfel schneiden. Zucker im Topf karamellisieren, Würfel hinzufügen und mit dem Apfelmost ablöschen. Ausgekratzte Vanilleschote beigeben und die Äpfel auf kleiner Flamme zum gewünschten Weichheitsgrad gar kochen. Vanilleschote herausnehmen, Safranfäden hinzugeben und eventuell noch mit der Kartoffelstärke verdicken. Nach dem Erkalten mit dem Joghurtmousse anrichten und servieren.

Zutaten

350 g Naturjoghurt
1 Limette oder Zitrone
80 g Zucker
4 Blatt weiße Gelatine
100 g geschlagene Sahne
4 bis 6 Äpfel (Boskop, Elstar)
1 Vanilleschote
0,1 l Apfelmost
25 g Zucker
1 Brief Safranfäden
gelöste Kartoffelstärke zum Andicken

Viel Leckeres in Niedersachsens Westen

Satte Wiesen, ungezählte Kanäle und Entwässerungsgräben, weite Felder, Heide, Moor und immer wieder kleine Wäldchen – Niedersachsens Westen, so zwischen Osnabrück, der holländischen Grenze und Papenburg ist auf den ersten Blick wenig spektakulär. Kaum jemand, der von Hamburg aus auf der Autobahn A 1 Richtung Ruhrgebiet fährt, weiß, was er links und rechts der Autobahn zwischen Cloppenburg und Osnabrück liegen lässt.

Große Teile dieses Landstrichs sind ursprünglich Moore gewesen und erst im Verlaufe von Jahrhunderten urbar gemacht worden. An diesen Mooren scheiterten einstmals sogar die Truppen des Römischen Reichs – und natürlich auch an den widerspenstigen Germanen, wie Ausgrabungen heute in der Gegend um Kalkriese nördlich von Osnabrück nahe legen. Erst Jahrhunderte später eroberten die Menschen Stück für Stück die moorigen Wälder. Die über Generationen geleistete entbehrungsreiche Arbeit hat die Menschen gelehrt, sparsam und intelligent mit den begrenzt vorhandenen Möglichkeiten umzugehen. Als schon die berühmten westfälischen Schinken aus dem Osnabrücker Land in aller Munde waren, ernährten sich wenige Kilometer weiter nördlich viele der Moorkolonisten überwiegend von Buchweizenpfannkuchen mit Speck und Schmalz. Heute gilt das Gericht als regionale Spezialität, damals war es ein Arme-Leute-Essen.

Überregional bekannt war und ist das „Bunte Bentheimer Schwein“ oder das „Bentheimer Landschaf“, die beide als sehr

robust und in der Haltung als vergleichsweise anspruchslos gelten. Das Fleisch der gefleckten Bentheimer Schweine beispielsweise ist ideal für leckere Braten geeignet – allerdings hat es von Natur aus eine stärkere Fettschicht. Doch was gut für den Geschmack ist, wird von vielen Verbrauchern heute wenig geschätzt. Deshalb waren diese Schweine schon fast ausgestorben, bis sie für die Schweinezucht wieder interessant wurden: zum Einkreuzen bei der Zucht moderner Hybridschweine, die von Natur aus sehr stressanfällig sind.

Touristisch betrachtet ist die Region längst kein Geheimtipp für Fahrradtouristen mehr: Hier wird geangelt, gerudert, Wasserski gefahren und natürlich Fahrrad gefahren – auf einem über 550 Kilometer langen und gut ausgeschilderten Radwegenetz. All' diese Freizeitmöglichkeiten laden zum (Kurz-) Urlaub ein – ganz abgesehen von den vielen regionalen Spezialitäten, die Sie unbedingt vor Ort probieren sollte!

Bentheim Dümmer Emsland

Birnentorte

Scheunencafé
Familie Lammert
Schulstrasse 11
49448 Brockum
Telefon 05443 1681
Internet: www.scheunen-cafe-de

1. Eier, Wasser und den Zucker miteinander schaumig schlagen.

2. Das Mehl mit dem Backpulver und Kakao vermischen und unter die schaumige Masse heben.

3. Alles in eine gefettete Springform mit 26 cm Durchmesser füllen und bei 150 Grad 25 bis 30 Min. backen.

4. Die 3 bis 4 Birnen (je nach Größe) schälen und entkernen. Die Birnen in 0,25 l Wasser mit 2 EL Zucker gar dünsten und dabei nicht zu weich werden lassen.

5. Birnen abtropfen, den Saft auffangen und mit Apfelsaft auf 0,75 l auffüllen, dann mit 3 Päckchen Tortenguss aufkochen und abkühlen lassen.

6. Die Sahne mit 3 Päckchen Vanillezucker steif schlagen und den Tortenboden quer durchschneiden. Den unteren Boden mit Tortenguss und etwas Sahne bestreichen, die Birnen in dicke Scheiben drauf legen und wieder mit Tortenguss bestreichen. Die andere Hälfte des Tortenbodens darauf legen. Den Rest des Tortengusses darauf verteilen, Sahne oben darauf und glatt streichen. Mit etwas Kakaopulver verzieren.

Zutaten

300 g Sahne
3 Päckchen Vanillezucker

Teig
3 Eier
3 EL kaltes Wasser
125 g Zucker
125 g Mehl
1 TL Backpulver
0,5 EL Kakao

Füllung
3 bis 4 Birnen
0,25 l Wasser
2 EL Zucker

Schweinebraten vom Bentheimer Landschwein

mit würziger Hackfleischfüllung

Janette Hoppen
49828 Osterwald
Telefon 05941 4280
Fax 05941 920843
E-Mail: info@janette-hoppen.de
Internet: www.bentheimer.de

1. Die Zutaten miteinander vermengen und den Braten füllen. Den so gefüllten Braten in einem Bräter geben und mit 200 ml Wasser angießen.

2. Alles zusammen ca. 2 Stunden bei 180 Grad im Backofen garen.

Zutaten

1 kg Schweinebraten vom Bentheimer Landschwein zum Füllen
300 g Bratwurstmasse (grob)
1 gehackte Zwiebel
1 Ei
1 El gehackte Kräuter
Salz, Pfeffer, Paprika

Dinkelpfannkuchen gefüllt mit grünem Spargel

dazu Lammfilet in einer Kräuterkruste auf Dinkelbiersauce

Landhaus-Brauerei
Ewald Borchert
48480 Lünne
Telefon 05906 92060
Fax 05906 92061
E-Mail: kontakt@landhaus-brauerei.de
Internet: www.landhaus-brauerei.de

1. Das Lammfilet wird gründlich gewaschen, mit Salz und Pfeffer eingerieben und in dem gequirlten Ei gewendet.

2. Vom Toastbrot wird die Rinde entfernt und der Rest fein zerbröselt. Die frischen Kräuter werden mit dem Toastbrot vermengt und das Lammfilet in dieser Panade gewendet.

3. In Öl wird das Filet von allen Seiten kurz angebraten und anschließend ca. 5 bis 7 Min in den Backofen geschoben.

4. Der Pfannkuchenteig wird 2 bis 3 Stunden vorher vorbereitet, indem das Mehl mit der Milch und der Bierhefe vermengt wird. An einem warmen Ort „geht" der Teig. Vor dem Abbacken wird der Teig gesalzen, etwas gezuckert und ein Ei untergerührt.
Der grüne Spargel wird bissfest gekocht.

5. Aus dem Bratenfond wird unter Zugabe von Dinkelbier eine Sauce zubereitet und mit einem Stück Butter gebunden. Abgeschmeckt wird die Sauce mit Salz und Pfeffer.

6. Den Pfannkuchen mit dem Spargel füllen, das Filet aufschneiden und gefächert auf den Teller legen.
Etwas Sauce dazu geben.

Hervorragend schmeckt hierzu ein frisch gezapftes Dinkelbier.

Zutaten

Lammfilet
4 Lammfilets
4 Scheiben Weizen-Toastbrot
2 Eier, gequirlt
frischer Thymian und Rosmarin, mit einem Wiegemesser zerkleinert
Salz, Pfeffer

Pfannkuchen
200 g fein gemahlenes Dinkelmehl
1/2 l Milch
ca. 100 ml flüssige Bierhefe
Salz, Zucker
2 Eier
500 g grüner Spargel

Biersauce
etwas Dinkelbier

Mühlentorte

Mühlencafé (Pumpernickel)
Günther Enking
Mühlenstraße 36
48488 Emsbüren
Telefon 05903 281
Fax 05903 380

1. Für den Teig 4 Eigelb, 1 Ei und 100 ml Milch miteinander vermengen und alles ca. 3 Minuten aufschlagen.

2. Im Anschluss 125 g Weizenmehl, 100 g Buchweizenmehl und 1,5 TL Backpulver gut vermengen und unter die Eigelbmasse unterheben, anschließend diese auf ein Backblech (30 cm x 40 cm) streichen.

3. 4 Eiweiße und 200 g Zucker aufschlagen und auf die Masse geben. 100 g Mandelblätter aufstreuen und dann bei 140 Grad 35 Minuten lang backen.

4. Den Boden so halbieren, dass 2 Stücke à 20 cm x 30 cm entstehen.

5. 500 ml Sahne aufschlagen und mit den Preiselbeeren, dem Vanillezucker und dem Saft einer Zitrone vermengen.

6. Die Preiselbeersahne auf eine Hälfte des Bodens geben und dann mit der zweiten Hälfte des Bodens bedecken.

Zutaten

4 Eigelb
4 Eiweiß
1 Ei
100 ml Milch
125 g Weizenmehl
100 g Buchweizenmehl
1,5 TL Backpulver
1 Beutel Vanillezucker
200 g Zucker
100 g Mandelblätter
500 ml Sahne
5 EL Preiselbeeren
Saft einer Zitrone

Sauerbraten

von der Diepholzer Moorschnucke

Landhaus Götker
Tiemannshof 1
49459 Lembruch
Telefon 05447 1257
Internet: www.landhaus-goetker.de

1. Gemüse und Äpfel putzen und in große Würfel schneiden. Mit Rotwein, Balsamico-Essig, Rosinen, Pumpernickel, Rübenkrautsaft und den Gewürzen aufkochen und abkühlen lassen. Fleisch in die Marinade legen, abdecken und kalt stellen (3 bis 4 Tage marinieren und dabei täglich wenden).

2. Fleisch aus der Marinade nehmen und trocken tupfen. Mit Salz und Pfeffer würzen und im erhitzten Butterschmalz anbraten.

3. Die Marinade aufkochen und abschäumen. Lorbeer, Wacholder und Sternanis aus der Marinade entfernen. Die Marinade pürieren und durch ein Sieb passieren. 0,5 l passierte Marinade abnehmen und mit dem Moorschnuckenjus aufkochen und zur gewünschten Saucenstärke reduzieren.

Die restliche Marinade aufkochen, das Fleisch hineingeben und im vorgeheizten Backofen bei 160 Grad 15 Minuten schmoren. Fleisch herausnehmen und etwas ruhen lassen. Dann können Sie das Fleisch aufschneiden und mit der Sauce und den Beilagen Ihrer Wahl servieren.

Zutaten

1 ausgelösten Moorschnuckenrücken
1/2 l Moorschnuckenjus
4 Möhren
2 Stangen Lauch
1/2 Sellerieknolle
8 Echalotten
2 Äpfel (Boskop)
30 Rosinen
2 l Rotwein
1/4 l Balsamico-Essig
4 Scheiben Pumpernickel
100 g Rübenkrautsaft
1 Lorbeerblatt
4 Wacholderbeeren
2 Sternanis
Salz, Pfeffer, Butterschmalz

Buchweizenpfannkuchen

Stiftscafe, Hermann J. Heilemann
Am Klostergarten 6
49835 Wietmarschen
Telefon 05925 1495 oder 99636
Fax 05925 99639
E-Mail: CaféHeilemann@t-online.de
Internet: www.wietmarschen.com/stiftscafé

1. Alle Zutaten miteinander vermengen, durchrühen (zum Anrühren Mineralwasser verwenden) und mindestens 2 Stunden ruhen lassen.

2. Anschließend in einer heißen Pfanne mit durchwachsenem Speck braten.

Zutaten

500 g Buchweizenmehl
4 EL Weizenmehl
1 EL Salz
1 Ei
ca. 500 g kalter Kaffee
durchwachsenen Speck

Heidelbeertorte

Bauernhofcafe
Arnold Hartgerink
Am Esch 11
48465 Samern
Telefon 05923 995799
Fax 05923 9939240

1. Butter mit Zucker schaumig rühren, Eigelb zufügen, Backpulver mit Mehl vermengen, gesiebtes Mehl unter die Masse kneten, den Teig in 4 gleiche Teile teilen, auf die ausgefetteten Backformen verteilen.

2. Eiweiß steif schlagen, Hagelzucker und Mandeln unterheben, die Masse in vier Teile teilen, drei Teile auf drei Böden streichen, den vierten Teil mit den Kokosflocken vermengen und auf dem letzen Boden verteilen.

3. Den Teig 20 Minuten bei 170 Grad im Umluftofen backen.

4. Füllung: Schlehenlikör, Heidelbeerenwein, Waldfruchtmarmelade, Vanillinzucker aufkochen, Gelatine auflösen und unterziehen. Die abgekühlte Masse mit den Heidelbeeren vermengen, auskühlen lassen.

5. Den noch warmen Boden mit den Kokosflocken in 12 Teile schneiden. Auf den unteren Boden einen Außenkranz mit Sahne spritzen, die Mitte mit einem Teil Heidelbeermasse ausfüllen. Anschließend den zweiten Boden aufsetzen, in die Mitte Sahne geben und rundherum mit der Heidelbeermasse bestreichen. Nun den dritten Boden aufsetzen und wie beim ersten Boden verfahren. Zum Abschluss auf den Sahnekranz 12 Sahnetupfer geben und die 12 Bodenteile als Fächer aufsetzen. Danach die Torte kühl stellen.

Zutaten

(für 4 Mürbeteigböden)

250 g Butter
185 g Zucker
3 Eigelb
500 g Mehl
10 g Backpulver
3 Eiweiß
200 g Hagelzucker
100 g gehackte Mandeln
20 g Kokosflocken

Füllung

300 ml Sahne
500 g Heidelbeeren
100 ml Schlehenlikör
75 ml Heidelbeerenwein
150 g Waldfruchtmarmelade
10 g Vanillinzucker
20 g gemahlene Gelatine

Landpartie-Menü „Osnabrücker Land", 1. Gang

Kleine Einkornmehl Pfannkuchen

gefüllt mit einem Ragout von frischen Pfifferlingen

Gasthof zum Frieden
Zum Freden 41
49186 Bad Iburg
Telefon 05403 4050
Fax 05403 1706
E-Mail: eichholz@hotel-frieden.de
Internet: www.hotel-frieden.de

1. Pfannkuchenteig anrühren und ca. 30 Minuten ruhen lassen. Pfifferlinge gut waschen und putzen. Danach mit den Zwiebeln leicht glasig anschwitzen und mit Brühe und Sahne ablöschen. Alles bei wenig Hitze langsam einkochen lassen, bis das Ragout eine passende Konsistenz hat.

2. Schnittlauchröllchen unterheben. Nun die Pfannkuchen sehr dünn mit wenig Butterschmalz ausbacken, auf einen Teller legen, mit dem Pfifferlingsragout füllen und nach Belieben dekorieren.

Zutaten

Pfannkuchenteig
2 Eier
1/8 l Milch
50 g Einkornmehl
Salz
Pfeffer
Muskat

Pfifferlingsragout
200 g frische Pfifferlinge
Butterschmalz
20 g feine Zwiebelwürfel
1/8 l Sahne
1/8 l helle kräftige Brühe
1 EL Schnittlaufröllchen

Landpartie-Menü „Osnabrücker Land", 2. Gang

Gasthof zum Frieden
Zum Freden 41
49186 Bad Iburg
Telefon 05403 4050
Fax 05403 1706
E-Mail: eichholz@hotel-frieden.de
Internet: www.hotel-frieden.de

Jungschweinfilet unter einer Kartoffelkruste

gebraten auf dicken Bohnenkernen

1. Das Jungschweinfilet in 8 Medaillons à 70 bis 80 g schneiden. Die Kartoffeln auf einer Reibe raspeln und leicht ausdrücken, Eigelb zugeben und salzen. Die Medaillons leicht in Mehl wälzen und die Kartoffelmasse auf die Medaillons geben; im Fett zuerst mit der Kartoffelseite anbraten und dann auf der anderen Seite fertig braten.

2. Die dicken Bohnen in Salzwasser kochen, danach die äußere Haut abziehen. In einem Topf die Butter erhitzen und die Speckwürfel anbraten. Sauerrahm zugeben, aufkochen und die Bohnenkerne hinzugeben. Alles durchschwenken und mit Pfeffer und Bohnenkraut würzen.

3. Die dicken Bohnen auf den vorgewärmten Tellern anrichten und die Jungschweinmedaillons obenauf setzen.

Zutaten

600 g Jungschweinfilet ohne Kopf und Kette
600 g geschälte Kartoffeln (mehlig)
4 Eigelb
250 g dicke Bohnen
30 g Butter
30 g Speck (geräuchert, in feinen Würfeln)
2 EL Sauerrahm
1 TL Bohnenkraut
Salz, Pfeffer

Landpartie-Menü „Osnabrücker Land", 3. Gang

Buttermilchmousse

auf marinierten frischen Beeren

Gasthof zum Frieden
Zum Freden 41
49186 Bad Iburg
Telefon 05403 4050
Fax 05403 1706
E-Mail: eichholz@hotel-frieden.de
Internet: www.hotel-frieden.de

1. Orangensaft mit dem Zucker aufkochen, die Gelatine darin auflösen und die Buttermilch dazugeben. Dann passieren und abkühlen lassen. Wenn es zu gelieren beginnt, die geschlagene Sahne unterheben und in einer Schüssel kaltstellen.

2. Beeren waschen und verlesen. Mit Leuterzucker und Grand Marnier marinieren.

3. Anrichten:
Die Beeren in die Mitte des Tellers geben. Darauf eine mit einem Esslöffel ausgestochene Nocke des Buttermilchmousses geben und mit frischer Minze garnieren.

Zutaten
Saft von 1/2 Orange
75 g Zucker
3 Blatt Gelatine
1/4 l Buttermilch
0,2 l Sahne
300 g frische Beeren, gemischt
etwas Grand Marnier
etwas frische Minze

Esskultur im Nordwesten

Die Gegend zwischen Weser und Hunte ist zu großen Teilen von Mooren umgeben. Das „Teufelsmoor“, nördlich von Bremen, ist davon das bekannteste. Während rundherum das Land erst durch das Torfstechen und Trockenlegen der Moore über Generationen urbar gemacht wurde, konnte sich Bremen, auf festem Grund gelegen und über die Weser gut erreichbar, schon früh zu einer Metropole entwickeln. Von hier aus zogen schon um das Jahr 800 herum die Missionare aus nach Nordeuropa und brachten mit dem Christentum auch die römisch geprägte Zivilisation und (Ess-) Kultur in den Norden. Vielleicht stammt aus jener Zeit noch die Vorliebe der hanseatischen Ratsherren für den Rotwein der Priester?

Der Bremer Ratskeller gilt mit seinen Weinen bis heute als „Schatzkammer“ der Stadt mit teilweise jahrhundertealten Weinen. Zutritt zu dieser Schatzkammer in den Gewölben unter dem Rathaus hat allein der jeweilige Kellermeister, selbst der Bürgermeister darf hier nicht herein. Trinken kann den Wein aus dem Bremer Ratskeller heute jedermann – die Bremer Ratskeller GmbH gilt als eine der renommiertesten Weinhandlungen Deutschlands. Und gleich darüber lässt sich im Restaurant „Bremer Ratskeller“ hervorragend speisen.

Dank der günstigen strategischen Lage an der Weser entwickelte sich Bremen schnell zu einer wichtigen Hafen und Hansestadt, ist mit dem zum Stadtgebiet gehörenden Bremerhaven wichtigster Fischereihafen Deutschlands und beherbergt dort beispielsweise die weltweit größte Fischstäbchenfabrik. Bremen

gilt heute als ein Zentrum der Ernährungsindustrie im Norden. Trotzdem hat sich in dieser Region der Geschmack für traditionelle Gerichte erhalten: Das gilt für den berühmten „Grün- oder Braunkohl mit Pinkel“ (einer Art Mettwurst mit Grütze darin), wie auch viele andere Gerichte wie „Heringe in Speckstippe“ oder die vielen Kuchen- und Tortenrezepte aus den ehemaligen Moordörfern der Umgebung. Die früher so lebensfeindlichen Moore („Teufelsmoor“) sind inzwischen zu einer lebens- und liebenswerten Landschaft geworden. Das Örtchen Worpswede beispielsweise wurde vor rund hundert Jahren von vielen Künstlern „entdeckt“, die Gegend wurde für sie Ruhepol und Inspirationsquelle gleichermaßen. Die idyllische Landschaft und die Spuren der vielen Künstler ziehen noch hundert Jahre später Gäste aus aller Welt an. Die vielen Dörfer der meist flachen Umgebung zwischen Oldenburg, Bremen und Bremervörde sind heute übrigens ein ideales Ziel für Radwanderer.

Oldenburg und Bremer Land

Kalbshaxe

Hamehütte Neu Helgoland
Heico Geffken
Hammeweg 19
27726 Worpswede
Telefon 04792 7606
Fax 04792 953594
E-Mail heico.geffken@web.de

Kalbshaxe

1. Die Kalbshaxe vom Fleischer in ca. 4 cm dicke Scheiben sägen lassen. Mit Salz und Pfeffer einreiben, im Buchweizenmehl wenden und von allen Seiten in heißer Butter anbraten. Anschließend die Scheiben wieder herausnehmen. Darin Zwiebeln und Möhren leicht anrösten und die gehäuteten, entkernten und gehackten Tomaten zufügen und schmelzen lassen. Mit Weißwein und Kalbsfond ablöschen, Kräuterstrauß zufügen und abgedeckt bei nicht zu großer Hitze im Backofen etwa 1,5 Stunden schmoren lassen.

2. Die sämig eingekochte Soße durch ein Sieb passieren, mit Salz und Pfeffer abschmecken. Dazu werden Spitzkohl und Stampfkartoffeln gereicht.

Spitzkohl

1. Das Wasser salzen und zum Kochen bringen. In der Zwischenzeit die äußeren Blätter des Spitzkohls ablösen und ihn längs in 4 Teile schneiden. Im Salzwasser 8 Minuten blanchieren. Lauchzwiebeln in feine Streifen schneiden. Den Spitzkohl herausnehmen und den Strunkansatz ausschneiden. Nun die Spitzkohlviertel in einer Pfanne in Butter und den Lauchzwiebeln etwas Farbe annehmen lassen. Aus der Pfanne nehmen und mit Lauchzwiebeln anrichten.

Zutaten

Kalbshaxe
1,5 kg Hinterhaxe von einem Milchkalb (Teufelsmoor-Rind)
80 g Butter
1 große Zwiebel
1 Möhre
2 gut gereifte Tomaten
0,2 l Weißwein (trocken)
etwas Buchweizenmehl
0,2 l Kalbsfond
1 Thymianstrauß
Lorbeerblatt
Petersilie
Salz, Pfeffer

Spitzkohl
1 Spitzkohl
1 l Wasser
etwas Salz
Balsamico-Essig
30 g Butter
0,5 Bund Lauchzwiebeln

Holunderbeersekt

1. Alle Zutaten in einen großen Topf geben, gut verrühren und drei Tage zugedeckt stehen lassen.

2. Anschließend den Saft durch ein Tuch seihen, in Flaschen abfüllen und verkorken. Die Flaschen zwei bis vier Tage warm stellen, bis die Flüssigkeit anfängt zu perlen. Im Anschluss die Flaschen kalt stellen (Keller) und bis zum Frühjahr stehen lassen.

Zutaten

15 bis 30 Holunderbeerdolden
ca. 7 l Wasser
1 kg Zucker
Schale von zwei ungespritzten Zitronen
50 g Weinsteinsäure

Gebackene Lammschulter

mit Schafskäsekräuterfüllung

Ratskeller, Wilfried Fey
Markt 1
26122 Oldenburg
Telefon 0441 9250001
Fax 0441 2489921
E-Mail info@ratskeller.de
Internet: www.ratskeller-oldenburg.de

1. Lammschulter innen mit Salz, Pfeffer und Paprika würzen. Mit dem Schafskäse und den klein gehackten Kräutern die Schulter füllen und zu einem Rollbraten zusammenbinden.

2. In einem großen Topf oder Bräter mit etwas Butterschmalz oder Öl die Schulter anbraten, danach mit Wasser angießen und für 45 bis 60 Minuten in den Backofen bei ca. 180 bis 200 Grad geben. Nach etwa 30 Minuten Flüssigkeit (kann auch Rotwein sein) ergänzen.

3. Lammrolle herausnehmen und ruhen lassen.

4. Die Sauce in einen kleinen Topf geben, eventuell einkochen lassen und mit etwas Mehlbutter binden.

Zutaten

1 Lammschulter (ausgelöst)
100 g Schafskäse
frische Kräuter (Tymian, Basilikum, Majoran)
Pfeffer aus der Mühle
Salz
Paprika

Finnlandtorte

Heuhotel und Bauerncafé
Kirstine und Detlef Kropp
Wummensiede 5 b
28719 Bremen
Telefon: 0421 6448482

1. Alle Zutaten gut verrühren. Mit dem Teig zwei Springformen füllen und vor dem Abbacken mit dem Baiser bestreichen. Bei 160 Grad etwa 30 Minuten auf der unteren Schiene im Backofen backen.

2. Nach dem Abkühlen die Füllung (Sauerkirschen und Rum-Aroma, mit Gustin angedickt) auf einem der beiden Böden verteilen. Anschließend 3/4 Liter geschlagene Sahne auf der Kirschfüllung auftragen. Dann den zweiten Boden als Deckel darauf legen.

Zutaten

Rührteig
125 g Fett
100 g Zucker
1 Päckchen Vanillezucker
4 Eigelbe
4 EL Mineralwasser
200 g Mehl
2 TL Backpulver

Baiser
4 Eiweiße
250 g feiner Zucker

Füllung
1 Glas Sauerkirschen
1 TL Rumaroma
Gustin (Speisestärke)
3/4 l Sahne

Hagebuttensuppe

1. Die selbst gepflückten Hagebutten gründlich waschen und entkernen. Die Hagebutten zusammen mit der Schale einer ungespritzten Zitrone, dem ausgekratzten Mark einer Vanillestange und dem Wasser in einen Topf geben, kurz aufkochen und etwa 90 Minuten köcheln lassen.

2. Anschließend die Suppe durch ein feines Sieb geben, zerbröselte Zwiebackscheiben hinzufügen und nochmals einige Minuten kochen lassen. Mit Salz und Zucker abschmecken. Die Eier aufschlagen und in Eigelb und -weiß trennen. Die Suppe mit den beiden Eigelben binden.

3. Wasser im Topf aufsetzen und die schaumig geschlagenen Eiweiße mit zwei Teelöffeln in kleinen Portionen auf das heiße Wasser geben und alles etwa 5 Minuten ziehen lassen. Die Eiweißbällchen zum Servieren auf die Hagebuttensuppe setzen.

Zutaten

800 g Hagebutten
1 ungespritzte Zitrone
1 Vanillestange
1,25 l Wasser
4 Scheiben Zwieback
2 Eier
3 EL Zucker
etwas Salz

Moorteufel Torte

Café zum Brinkhof
Gisela Wellbrock
Brinkhof-Teufelsmoor
27711 Osterholz-Scharmbeck
Telefon 04796 951095
Fax 04796 951096
E-Mail: CafezumBrinkhof@gmx.de

1. Eigelb mit Zucker und Vanillezucker schaumig rühren. Eiweiß steif schlagen. Eiweiß unter die Eigelb-Creme heben. Mehl, Speisestärke und Backpulver auf die Creme sieben und vorsichtig unterheben. Den Biskuitteig in eine Springform (28 cm Durchmesser) geben. Etwa 45 Minuten bei 175 Grad abbacken.

2. Die eingelegten Rumrosinen und 1 l Schlagsahne mit Vanillezucker für die Füllung steif schlagen

3. Den Biskuitboden dreimal waagerecht durchschneiden. Den ersten Boden mit Rumrosinen belegen. Die Sahne darüber streichen, den zweiten Boden darauf legen und wie den ersten Boden belegen. Den dritten Boden darauf legen und belegen. Mit dem vierten Boden abdecken, mit Sahne einstreichen und verrühren.

Zutaten

Biskuitteig
6 Eier
170 g
1 Päckchen Vanillezucker
100 g Mehl
75 g Speisestärke
etwas Backpulver

Füllung
eingelegte Rumrosinen
1 l Schlagsahne
1 Päckchen Vanillezucker

Heringe mit Speckstippe

1. Die selbst ausgenommenen Heringe ohne Kopf und Schwanz unter fließendem Wasser kurz abspülen.

2. Die geschälten Zwiebeln in Ringe schneiden und mit allen Zutaten, abgesehen vom Speck, in einem Topf kurz aufkochen und abkühlen lassen. Dann die Heringe und die Zwiebeln in einen Steinguttopf legen und anschließend die abgekühlte Marinade darüber gießen. Alles zusammen etwa 2 bis 3 Tage an einem kühlen Ort ziehen lassen.

3. Zum Servieren den Speck in Würfel schneiden und anbraten. Zusammen mit den Heringen, Pellkartoffeln und frischen Bohnen servieren.

Zutaten

4 bis 6 küchenfertige Salzheringe
3 Zwiebeln
Wacholderbeeren
1/2 TL Senfkörner
2 Pimentkörner
0,25 l Essig
0,125 l Wasser
200 g durchwachsenen Speck

Landpartie-Menü „Oldenburg & Bremer Land“, 1. Gang

Terrine von Räucheraal und Granat

Bremer Ratskeller
Am Markt
28195 Bremen
Telefon: 0421 321676
E-Mail: bremer-ratskeller@t-online.de
Internet: www.ratskeller-bremen.de

1. Den Räucheraal filieren. Aus den Gräten und der Haut mit dem Lauch und der Karotte einen Fond (Brühe) kochen (ca. 0,5 l).

2. Die Schalotten in Würfel schneiden, in einem Topf mit Butter anschwitzen. Wenn die Schalotten glasig sind, die Hälfte des Granats dazugeben. Nachdem diese etwas angeschwitzt worden sind, mit Aalfond und Crème double auffüllen und auf ca. 0,75 l einkochen lassen.

3. Nach ca. 30 Minuten die Krabben und die Schalotten pürieren und passieren. 10 Blatt Gelatine hinzufügen. Nun wird die etwas ausgekühlte „Suppe“ ca. 1 cm tief ein eine mit Folie ausgekleidete Terrinenform gegossen.

4. Im Kühlschrank stocken lassen. Darauf gibt man etwas Granat, Kresse und 2 Filets vom Räucheraal. Das Ganze wieder auffüllen mit der „Suppe“ und im Kühlschrank ziehen lassen. Vorgang wiederholen.

5. Zum Schluss mit der „Suppe“ noch einen Deckel gießen. Nachdem die Terrine völlig durchgekühlt und gestockt ist, auf ein Brett stürzen und portionieren.

Zutaten

400 g Granat (= Krabben)
2 Räucheraale à 250 g
2 Schalotten
1 kleine Stange Lauch
1 kleine Möhre
10 Blatt weiße Gelatine
2 Schälchen Kresse
0,5 l Sahne oder Crème double

Landpartie-Menü „Oldenburg & Bremer Land“, 2. Gang

Salzwiesenlamm
mit Grünkohl, Apfel-Chips und Blutwurst-Polenta

Bremer Ratskeller
Am Markt
28195 Bremen
Telefon: 0421 321676
E-Mail: bremer-ratskeller@t-online.de
Internet: www.ratskeller-bremen.de

Lammkeule

1. Die ausgelöste Lammkeule mit Meersalz und Pfeffer aus der Mühle würzen, in Oliven- und etwas Knoblauch-Öl anbraten, bis sie rundherum kross ist. Dann auf ein Ofenblech legen. Im gleichen Bräter die Knochen und Parüren anbraten und das Röstgemüse, bestehend aus Zwiebel, Karotte und Sellerie (in Würfel geschnitten), zufügen und rösten – bis alles goldbraun ist.

2. Anschließend das Tomatenmark kurz mitrösten und mit Rotwein ablöschen, Kräuter und Gewürze zufügen und mit Wasser auffüllen.

3. Die Sauce um die Hälfte reduzieren und durch ein feines Sieb oder Tuch passieren. Abschließend mit Salz abschmecken.

4. Die Lammkeule bei 200 Grad im Ofen ca. 15 Minuten rosa braten. Vor dem Tranchieren einige Minuten ruhen lassen.

Grünkohl

1. Den Kohl von Stielen und Strünken befreien und gründlich waschen. Danach ca. 5 Minuten in Salzwasser blanchieren. Anschließend ausdrücken und nach Belieben klein schneiden.

2. Schalotten in feine Würfel schneiden, in Schmalz kräftig anbraten, Senf und Pinkel ohne Darm zufügen, mit Brühe auffüllen, bis alles gut bedeckt ist. Den blanchierten Grünkohl in den Topf geben, mit Piment und Zucker abschmecken und unter ständigem Rühren erhitzen. Der Kohl sollte noch schön grün bleiben und etwas Biss haben.

Polenta

1. Die Milch für die Blutwurst-Polenta in einem Topf erhitzen, mit Muskat würzen, klein geschnittene Blutwurst zufügen und schmelzen lassen. In die heiße Milch den Maisgrieß unter ständigem Rühren einrieseln lassen, einige Minuten rühren, dann bei niedrigster Hitze ausquellen lassen und mit Salz, Piment und Butter abschmecken.

Apfel-Chips

1. Für die Chips wird ein Boskop-Apfel mit einer Aufschnitt-Maschine oder einem Gemüse-Hobel in sehr dünne Scheiben geschnitten.

2. Die Scheiben auf ein Backblech mit Backpapier legen und mit braunem Zucker bestreuen. Nach 1,5 Stunden im Ofen sind die Chips bei 110 Grad kross.

Zutaten

ca. 0,5 kg Grünkohl
0,1 kg Schmalz
1 bis 2 Schalotten
Geflügelbrühe
1 Pinkel (Bremer Grützwurst)

1 kg Lammkeule mit Knochen und Parüren
1 mittelgroße Zwiebel
1 mittelgroße Karotte
_ Knollensellerie
Lorbeerblätter, Rosmarin, Thymian , Wacholder
Oliven-Öl , Knoblauch-Öl
30 g Tomatenmark
0,1 l Rotwein

0,3 l Milch
100 g Blutwurst
80 g Maisgrieß

1 Apfel (Boskop)

Biomaris-Meersalz
Pfeffer, Zucker
Muskat, Piment gemahlen
Senf, brauner Zucker
Butter

Landpartie-Menü „Oldenburg & Bremer Land", 3. Gang

Würz-Apfel mit Kirschlikör-Sabayon

und Honig-Mohnmousse

Bremer Ratskeller
Am Markt
28195 Bremen
Telefon: 0421 321676
E-Mail: bremer-ratskeller@t-online.de
Internet: www.ratskeller-bremen.de

1. Den Weißwein mit Zitrone, Zucker und den Gewürzen einmal aufkochen. Die geschälten, halbierten und vom Kerngehäuse befreiten Äpfel in den kochenden Würz-Fond geben. Den Topf anschließend sofort von der Platte nehmen, die Äpfel im Fond lassen.

2. Die Schokolade im Wasserbad oder in der Mikrowelle schmelzen. In der Zwischenzeit 2 Eigelbe, Honig, Mohn und Weißwein im Wasserbad schaumig schlagen. Die flüssige Schokolade unter Rühren in die Eimasse geben. Geschlagene Sahne zu einem Drittel unter die leicht abgekühlte Schoko-Eimasse heben, anschließend den Rest der Sahne unterheben und kaltstellen.

3. Für das Sabayon werden drei Eigelbe mit Zucker, Likör und dem Würz-Fond im Wasserbad schaumig geschlagen.

4. Die Äpfel werden mit der Öffnung nach oben in einem tiefen Teller platziert, mit Sabayon umgossen und mit Honig-Mohnmousse gefüllt.

Zutaten

100 g weiße Schokolade

0.3 l Sahne
2 Eigelb
3 cl Cognac
30 g Honig
1 EL Mohn
1 Blatt Gelatine
4 Äpfel
0.3 l Weißwein
50 g Zucker
1 Zitrone
2 bis 3 Sternanis
2 Stangen Zimt
1 Vanilleschote
3 Eigelb
100 g Zucker
0.3 l Likör/Würz-Fond

Der Autor

Ulrich Koglin, Jahrgang 1963, ist im schleswig-holsteinischen Ratzeburg geboren und dort aufgewachsen. Viel spannender als der Schulunterricht an der »Lauenburgischen Gelehrtenschule« war für ihn die Mitarbeit bei der Film-AG und Schülerzeitung. Während der Sommerferien erkundete er mit Freunden erst Norddeutschland und schließlich halb Europa – natürlich auf dem Fahrrad. Während seines Volkswirtschaftsstudiums Anfang der achtziger Jahre suchte er per Zelt und Fahrrad auch die Nordbezirke der damaligen DDR heim, reiste danach oft im »Kleinen Grenzverkehr« nach Mecklenburg. Nebenbei realisierte er für den NDR erste Fernsehbeiträge.

Seit 1987 arbeitet er als freiberuflicher Fernsehjournalist für verschiedene Produktionsfirmen und Auftraggeber, sein Hauptengagement allerdings gilt seitdem der NDR-Wirtschaftsredaktion in Hamburg. Für die Sendungen »Markt im Dritten« und »Plusminus« steuerte er jahrelang regelmäßig Beiträge auch über landwirtschaftliche Themen bei und hat die wirtschaftliche Entwicklung Mecklenburg-Vorpommerns für die Redaktion journalistisch begleitet.

Die langjährige Freundschaft mit seinem Kollegen Achim Tacke führte 1998 zu einer festen Zusammenarbeit. Gemeinsam realisieren sie für den NDR längere Filme wie beispielsweise »Biopark – Landwirtschaft mit Zukunft?« (45-minütige Dokumentation über die Entwicklung des ostdeutschen Bioverbandes) oder »Eine Arche für das liebe Vieh« (45-minütige Reportage über selten gewordene Nutztierrassen der Welt). In Zusammenarbeit mit dem NDR und dem deutsch-französischen Kulturkanal ARTE drehten sie u. a. einen ganzen Themenabend mit drei internationalen Dokumentationen und Reportagen über die Folgen der Globalisierung für die Landwirtschaft Europas. Für ARTE produzierten sie auch eine 45-minütige Dokumentation über »Die Kuh von morgen«, in der sie den Weg vom »Altdeutschen Niederungsrind« zu den hochproduktiven »Holstein-Friesians« zeigen. Viele dieser Filme entstehen mit Unterstützung der »Medienstiftung Schleswig-Holstein (MSH)« in Lübeck.

Neben solchen Produktionen für den NDR und andere Auftraggeber ist für Achim Tacke und Ulrich Koglin natürlich die »Landpartie – Im Norden unterwegs« das wichtigste Projekt, das sie konzipiert haben und als Autoren und Regisseure abwechselnd realisieren. Zusammen mit Heike Götz arbeiten sie auch an neuen Sendekonzepten und -formaten für den NDR. Ulrich Koglin ist verheiratet und lebt mit Frau und Kind im Westen Mecklenburgs.

Der Koch

Kochen nach Rezept ist auch in einer Profiküche äußerst wichtig – sonst würde jedes Gericht jeden Tag anders schmecken und aussehen. Als Koch hat man natürlich mit ganz unterschiedlichen Rezepten zu tun. Meine beruflichen Stationen spiegeln diese Vielfalt wieder: Ausbildung, Feldkoch bei der Bundeswehr, Chef de Partie, Küchenchef, Prüfung zum Küchenmeister. Seit 1997 leite ich mit meiner Frau Petra das Hotel-Restaurant Büscher im Bielefelder Stadtteil Quelle. Unser Haus existiert bereits seit 1884 und ist seitdem in Familienbesitz.

Das Kochbuch zur NDR-Reihe „Landpartie“ war für mich eine sehr interessante Herausforderung: Alle Rezepte wurden gewissenhaft nachgekocht und möglichst „Hobby-Koch-gerecht“ in Szene gesetzt. Dabei haben wir auch auf die (sonst üblichen) Tricks der Food-Fotografie verzichtet: Wir haben weder Klarlack, noch Farbe, noch Klebstoff, noch andere Mittelchen verwendet – versprochen!
Ganz im Gegenteil: Der Fotograf hat die meisten Tellergerichte verkostet und war von jedem einzelnen Gericht begeistert.

Ich wünsche allen Lesern viel Spaß und gutes Gelingen beim Nachkochen,

Ihr Andreas Büscher

Hotel Büscher
Carl-Severing-Straße 136
33649 Bielefeld – Quelle
Tel.: 0521 452796

Der Konditor

Wenn man seinen Beruf als Konditor mit Liebe ausübt, geht es ziemlich abwechselungsreich zu. Die Arbeit am Landpartie-Kochbuch war ohne Frage eine schöne Abwechselung! Gleiches gilt für meinen bisherigen Werdegang: Lehre in der bekannten Wolfsburger Konditorei „Kadera“, Geselle, Fachabitur, Meisterprüfung, Anstellung bei der renommierten „Holländischen Kakaostube“ in Hannover, im „Centralcafé“ in Norderney und im elterlichen Betrieb, anschließend Chef im Peiner Café „Altes Rathaus“. Über die Confiserie Weibler kam ich schließlich zur Bäckerei Seidel – dort leite ich seit 1999 die Konditorei-Abteilung.

Die Tatsache, dass nicht nur Peiner gerne unsere Waren kaufen, hat einen guten Grund: Hier, in der traditionsreichen Bäckerei Seidel, werden bereits seit einem halben Jahrhundert mit Hingabe und Können echte Leckereien gebacken! Rund 90 Mitarbeiter setzen das um, was ihnen Konditormeister Lutz Seidel und seine Frau Ilse-Dore Tag für Tag vorleben: Die Liebe zu einem hochwertigem Produkt. Kommen Sie uns doch in einer unserer zahlreichen Filialen auf ein Stück Kuchen oder Torte besuchen, wenn Sie mal wieder ganz im Sinne der Landpartie „im Norden unterwegs“ sind!

Bis dahin wünschen wir Ihnen viel Spaß beim Selber-Backen und Naschen,

Ihr Lutz Seidel und Ihr Nico Kappe

Seidel Qualitätsbackwaren GmbH
Woltorfer Straße 99
31224 Peine
Tel.: 05171 76500

Register

Aal grün 88

Aal in Gelee mit Lachsforellenkaviar 95

Apfelkompott 85

Apfelkuchen vom Blech
nach Art des Polsterberger Hubhauses 105

Bachforelle auf Kartoffelsalat 82

Backensholzer Käsekrusten 18

Bananen-Schokoladen Soufflee
mit Vanilleschaumsauce 50

Bergfelder Stachelbeer Mandelstreusel-Torte 79

Beschwipster Kirschkuchen 104

Birnen, Bohnen & Lamm 36

Birnentorte 112

Bonenbraden (Mörderbraten) 53

Buchweizenpfannkuchen 117

Buttermilchmousse
auf marinierten frischen Beeren 121

Dinkelpfannkuchen gefüllt mit grünem Spargel
dazu Lammfilet in einer Kräuterkruste
auf Dinkelbiersauce 114

Dithmarscher Bunter Mehlbeutel 30

Finnlandtorte 127

Gans mit Wirsingröllchen
und Kartoffel-Gratin 103

Gebackene Lammschulter
mit Schafskäsekräuterfüllung 126

Gebackener Kürbis 31

Gebratenes Lammkarree
mit Kräuterkrume überbacken
dazu Schneidebohnen, Austernpilzen,
Kirschtomaten und Kartoffelrösti 80

Gebratenes Stubenküken auf Flusskrebsragout
mit glacierten Kaiserschoten
und Schlosskartoffeln 48

Gedünstete Steinbutttranchen 16

Gefüllter Hecht „Masurische Art“ 42

Gefüllter Perlhuhnrollbraten 57

Gefüllter Wildschweinbraten
auf Preiselbeerrotkraut 69

Grambeker Spiegelkarpfen „Blau“
aus dem Wurzelsud mit Petersilienkartoffeln,
Sahnemeerrettich und zerlassener Butter 40

Großer Hans nach Schuettenhof-Art 94

Grubes grüner Saueraal 76

Grüne Bohnen Lammfleisch-Eintopf 21

Hagebuttensuppe 128

Harzer Rehgeschnetzeltes 102

Harzer Wildkräutersuppe 101

Haschtorte 93

Hecht nach normannischer Art
auf Gemüsebett 54

Heidelbeertorte 118

Heidschnuckenroulade mit Steinpilzen
auf Kohlrabi- und Rote Beeteragout 96

Heikes und Huberts Landpartiesalat 33

Heringe mit Speckstippe 130

Hirschrücken „Land und Meer“
gefüllt mit gebeiztem Dorsch im Netz 56

Hochzeitskaffee 34

Holsteiner Ochsenfilet
auf Steinpilzen mit Olivennudeln 28

Holunderbeersekt 125

Joghurtmousse mit Safran-Apfelkompott 109

Johannisbeergelee 29

Jungschweinfilet unter einer Kartoffelkruste
gebraten auf dicken Bohnenkernen 120

Kalbshaxe 124

Kleine Einkornmehl Pfannkuchen gefüllt
mit einem Ragout von frischen Pfifferlingen
119

Knusper-Herzen mit halbierter Mandel 43

Krebsgenuss „Ulrichshusen“ 65

Lauchsuppe im Brotteig 107

Markeruper Gänsebraten 19

Miesmuscheln in Kräutersud
(für Muschel-Anfänger) 22

Möhrenkuchen 89

Moorteufel Torte 129

Mühlentorte 115

Ostseedorsch auf Rapsöl-Kräutersud
und Mango-Kartoffelchutney 52

Panierte Kartoffelnudeln
mit Cassis Schaum und Vanilleeis 97

Panna Cotta mit warmem Schokoladenkuchen
und gegrillter Ananas 37

Pannfisch nach Art des Hoflieferanten 67

Pastinaken-Rösti 47

Peene-Zander auf Rote Beete Sauce
und Rauchaalbrandade 60

Poeler Ölkuchen 55

Putenröllchen mit Bärlauchfrischkäse
auf feinem Gemüse und Kartoffeln 64

Quark-Sahne-Torte mit Blaubeeren 45

Quarksoufflé mit Himbeeren 73

Quittenpudding in Apfelsuppe 61

Rehrücken mit frischen Waldpilzen umlegt
mit Wachholderrahmsoße,
gefüllter Rotweinbirne
und handgeschabten Spätzle 100

Rehsülze auf Backpflaumencreme
und Tüftensalat 59

Rhabarber-Baiser-Torte 77

Riccotta-Spinatravioli mit gebratenen
Austernpilzen und Parmesan 41

Roastbeef mit Grüner Sauce 68

Rosenower Wachtel mit gebratener Blutwurst,
Spitzkohl und Reibekuchen 72

Roulade vom Flunderfilet und Meerforelle mit
Karottenmantel im Wiesenkräuternest 58

Roulade vom Harzer Rotvieh auf Thymian-
Gemüse mit Rosmarinkartoffeln 106

Saibling auf Schmorgurke 90

Saiblingsfilet gebraten in Estragonsauce 79

Salat von Frühlingsgemüse mit grobem Meersalz und Ziegenfrischkäse 71

Salzwiesenlamm mit Grünkohl, Apfel-Chips und Blutwurst-Polenta 132

Sauerbraten von der Diepholzer Moorschnucke 116

Schaschlik vom Freilandhuhn und Jakobsmuschel mit Tomatenkompott 35

Schlei mit Kräuter Gemüsefüllung für Grill oder Backofen 70

Schneeballtorte 44

Schulter vom Rehbock auf geschmortem Spitzkohl und Wildpfeffersauce 84

Schweinebraten vom Bentheimer Landschwein mit würziger Hackfleischfüllung 113

Schweinelachs-Roulade mit Mangold und Schafskäse 108

Schweinerücken in Backpflaumen-Biersauce 91

Stachelbeer-Baiser-Torte 32

Terrine von Räucheraal und Granat 131

Topfengugelhupf mit gegrilltem Hattstedter Streifling in Karamellsirup 25

Tranche vom Kabeljau auf eingekochten Radieschen in Spinatjus mit Krabbenstick 23

Überbackene Lammkoteletts 20

Vierländer Bauernente 83

Vorwerkhahn in Cidre 82

Wadengulasch vom friesischen Ochsen mit gestampften Kartoffeln „beurre noisette“ und Vanillerüben 24

Wendländische Hochzeitssuppe 92

Wildsteaks à la Bergholz 46

Winzer-Braten 66

Würz-Apfel mit Kirschlikör-Sabayon und Honig-Mohnmousse 133

Ziegenquarktorte mit Backensholzer Ziegenfrischkäse ohne Boden 17

NDR (Hrsg.) • Achim Tacke

Landpartie Spezial 1

Kulinarische Entdeckungsreise vom Weserbergland an die Nordsee

2004. 144 Seiten, 141 Farbfotos,
17,3 x 24,5 cm, Hardcover
ISBN 3-89993-706-6
€ 16,90

Der kulinarische Spezialband für Weserbergland, Harz, Heide, Hamburg und die Nordsee. Dieses Buch entführt Sie in Restaurants und Hofläden, schaut hinter Stalltüren und in Milchkammern, präsentiert Rezepte und lädt zum Nachkochen oder gleich zum Nachreisen ein.

Es gibt viele regionale Spezialitäten zu entdecken: die einfache, aber geschmackvolle Küche des Nordens und die hohe Kunst der Spitzenköche. Neben Restaurants und Rezepten stellt das Buch auch Schlachter, Bäcker und Selbstvermarkter vor, die aus der Region für die Region produzieren.

Weserbergland

Dornröschen und die sechs fröhlichen Schweine

So werden schlafende Prinzessinnen geweckt: Von Camembert, Korn und kräftiger Bratwurst

- Lippoldshausen: Bärlauch-Cremesuppe & Bärlachbutter
- Hilwartshausen: Auf den Ochsen gekommen – Pot au feu vom Mastochsen
- Hardenberg: Vom Feld in die Flasche – Cannelloni von geschmorter Wildschweinschulter mit „Hardenberg Waldbeerlikör"-Sauce

Harz

Was lange währt, wird unglaublich lecker

Großes Gemecker und süßes Leben: In der puren Natur schmecken Roulade, Ziegenkäse und Apfelkuchen doppelt gut!

- Eisdorf: So ein bisschen wie früher – Schwarze Johannisbeermarmelade mit Rotwein und Vanille
- Buntenbock: In der Ruhe liegt die Kraft – Roulade vom Harzer Rotvieh auf Thymian-Gemüse mit Rosmarinkartoffeln
- Clausthal-Zellerfeld: Apfelkuchen nach Art des Polsterberger Hubhauses

Heide

So weit der Gummistiefel fliegt

Hier herrschen Kartoffelkönige und Ritter – zwischen Spargel, Heidschnucken und Apfelsüppchen

- Holle: Rehrücken mit Wirsinggemüse und Spinatspätzle
- Celle: Und fürstlich geht's in die Heide – Kuchen von Valrhona Schokolade mit Beeren und Heidehonigeis
- Leckeres aus Hankensbüttel: Apfelsüppchen mit Holunderblüten-Mousse
- Barnstedt: Barnstedter Weihnachtsgans

Von der Elbe an die Nordsee

Grandioser Genuss am malerischen Fluss

Kaffe, Käse, Kalbshaxe – hier kocht der Kommissar sogar, wenn ein Verbrecher sein Unwesen treibt

- Hoopte: Fischfrikadelle von der Brasse
- Hamburg: Palatschinken mit beschwipsten Pflaumen
- Glückstadt: Matjes mit Birnen, Bohnen und Speck
- Cuxhaven: Pariser Charme im Norden – Kabeljaufilet mit Ziegenkäse

NDR (Hrsg.) • Ulrich Koglin • Achim Tacke

Landpartie

Im Norden unterwegs

Harz, Vorpommersche Boddenlandschaft, Nordfriesland, Vier- und Marschlande

2001. 136 Seiten, 125 Farbfotos,
14,0 x 22,8 cm, Softcover
ISBN 3-87706-833-2
€ 15,90

Die „Landpartie“ beweist: Norddeutschland bietet überraschend viele interessante und schmackhafte Spezialitäten, die von eigenwilligen, aber überaus sympathischen Menschen mit großem Engagement gepflegt werden. Das Buch lädt ein, selbst auf Entdeckungsreise zu gehen. Sorgfältig zusammengestellte Informationen und Adressen erleichtern die eigene »Landpartie«.

NDR (Hrsg.) • Ulrich Koglin • Achim Tacke

Landpartie 2

Im Norden unterwegs

Oldenburger Land, Ostholstein, Nordheide, Müritz-Region

2002. 168 Seiten, 153 Farbfotos,
14,0 x 22,8 cm, Softcover
ISBN 3-87706-858-8
€ 15,90

Nach dem großen Erfolg des ersten Buches vier weitere Landpartien aus Schleswig-Holstein, Mecklenburg-Vorpommern, Niedersachsen und Hamburg. Der Leser ist mittendrin, wenn die Moderatorin Heike Götz norddeutsche Regionen und deren Spezialitäten entdeckt.
Er lernt Fischer und Bauern kennen, besucht Grafen und ihre Schlösser.
Er schaut in den Stall und fährt mit aufs Feld. Das Buch zeigt den Norden so, wie ihn jeder liebt: Weites Land mit freundlichen Menschen.
Echtes Handwerk, unverfälschte Natur und herzliche Gastlichkeit.

NDR (Hrsg.) • Ulrich Koglin • Achim Tacke

Landpartie 3

Im Norden unterwegs

Lauenburgische Seenplatte, Rügen und Hiddensee, Osnabrücker Land, Ostfriesland

2003. 168 Seiten, 150 Farbfotos,
14,0 x 22,8 cm, Softcover
ISBN 3-87706-862-6
€ 15,90

„Aller guten Dinge sind mindestens Drei!" Auch »Landpartie 3« ist immer mittendrin: auf Höfen und in Verarbeitungsbetrieben, auf der Draisine, dem Erdbeerfeld, beim Zubereiten von Wild- und Fischdelikatessen, beim Schnapsbrennen und und und ...

Heike Götz berichtet von historischen Kostbarkeiten, edlen Pferden, und netten Menschen. Wie immer mit dabei: viele Adressen und Tipps zu leckeren Spezialitäten aus dem Norden.

NDR (Hrsg.) • Ulrich Koglin • Achim Tacke

Landpartie 4

Im Norden unterwegs

Usedom, Dithmarschen, Eichsfeld, Grafschaft Bentheim

2004. 160 Seiten, 140 Farbfotos,
14,0 x 22,8 cm, Softcover
ISBN 3-89993-704-X
€ 15,90

Zum 4. Mal lädt „Landpartie" zu ebenso vergnüglichen wie spannenden Touren durch die schönsten Landschaften Norddeutschlands ein. Heike Götz trifft Bauern, hilft bei der Produktion der Eichsfelder Wurst oder bei der Gemüseernte, ist mittendrin und radelt durch norddeutsche Landschaften. Inklusive regionaltypische Rezepte und Ausflugstipps mit Adressen.

NDR (Hrsg.) • Ulrich Koglin • Achim Tacke

Landpartie 5

Im Norden unterwegs

Wismarbucht, Nord-Ostsee-Kanal, Teufelsmoor und Wesermarsch

2006. 176 Seiten, 147 Farbfotos,
14,0 x 22,8 cm, Softcover
ISBN 3-89993-712-0
€ 15,90

Auf jeder Seite gibt es wieder den geballten Landpartie-Spaß: Interessantes und Unterhaltsames vom Leben auf dem Lande. Ganz nebenbei Sie viele Sehenswürdigkeiten, empfehlenswerte Landcafés und tolle Ausflugstipps kennen. Als „Schmankerl" obendrauf gibt es selbstverständlich wieder das eine oder andere leckere Rezept für daheim.

Im neuen Band entführt das Landpartie-Team seine Leser zu den reizvollsten Orten rund um den Nord-Ostsee-Kanal, zeigt die schönsten Stellen der Wismarbucht, besucht die tollsten Adressen im Teufelsmoor und verrät echte Geheimtipps aus der Wesermarsch.

Wismarbucht

Die Romantik der Küste

Faszinierende Geschichten aus der Wismarbuch

- Auf Fangfahrt mit Fischer Gössel
- Das Seegras-Team bei der Arbeit
- Die gerollten Sauerlappen – Rollmöpse nach altem Rezept
- Der Wallnussbaum von St. Georgen – Backsteingotik in Wismar

Nord-Ostsee-Kanal

Erlebenswerte Wasserstraße

Eine spannende Erkundungsreise

- Lebendige Wasserstraße – zu Besuch bei der Lotsenbruderschaft
- Fledermäuse unter der Levensauer Hochbrücke
- Der Ponyhof Scheel: Reiterferien der Extraklasse
- An Bord des Frachters „Cellus"

Teufelsmoor

Die Faszination einer Landschaft

Unterwegs im Teufelsmoor

- Mit dem Kanu auf der Hamme
- Die Kuchenkönigin – das Café zum Brinkhof
- Mit dem Torfkahn unterwegs
- Kremserfahrten durch das Teufelsmoor

Wesermarsch

Behagliche Idylle

Auf Entdeckungsreise durch die Wesermarsch

- Frisch aus dem Netz – an Bord eines Krabbenfischers
- Das Heu-Hotel Ruhwarden
- Leckerer Labskaus aus Brake
- Lebenslicht „Roter Sand" – Die Geschichte des berühmten Leuchtturms